KBS 다큐 인사이트

영상아카이브

오월의 기록

KBS 다큐 인사이트
영상아카이브
오월의 기록

초판 1쇄 인쇄 2022년 4월 30일
초판 1쇄 발행 2022년 5월 18일

지은이 | KBS 다큐 인사이트 〈오월의 기록〉 제작팀

펴낸이 | 윤관백
펴낸곳 | 선인

영 업 | 김현주

등 록 | 제5-77호(1998.11.4)
주 소 | 서울시 양천구 남부순환로48길 1, 1층
전 화 | 02) 718-6252/6257
팩 스 | 02) 718-6253
E-mail | sunin72@chol.com

정 가 18,000원
ISBN 979-11-6068-709-5 03900

KBS 다큐 인사이트
영상아카이브

오월의 기록

선인

1

프로그램을 앞두고 항상 드는 고민이 두 가지 있습니다.

1) 무엇을?

2) 어떻게?

즉 내용과 형식의 문제입니다.

5.18민주화운동 관련 프로그램을 기획하면서도, 똑같은 문제와 마주했습니다.

5.18 민주화운동과 관련해서, 수많은 내용들(무엇을)과 그 내용들을 전달하고자 하는 다양한 형식(어떻게)의 프로그램들, 예를 들어, 새로운 사실 규명을 위한 추적형식의 프로그램, 인물을 중심으로 조명한 재연 다큐 프로그램, 당시 활동한 분들의 이야기를 통해 역사적 의미를 되새기는 증언 프로

그램 등이 이미 있었습니다.

이번 프로그램은, 새로운 형식을 찾기 보다는, 국내외의 영상 아카이이브를 활용한 오래된 형식의 아카이브 다큐멘터리를 만들고자 했습니다.

단, 1. "제대로 정리된 5.18 민주화운동 영상일지"를 만든다. 2. 나레이션을 통한 설명을 최대한 배제하고, 되도록 현장의 소리를 들려준다. 이 두 가지를 지켜보려 했습니다.

2

1) 먼저 KBS에 보관된 영상을 찾았습니다.

KBS 영상아카이브 시스템에서 '5.18민주화운동'을 검색하면, 뉴스, 프로그램, 뉴스 취재원본, 촬영원본 등으로 나눠진, 약 6,400여개의 파일이 검색됩니다. 이 수많은 파일 중에서, 1980년 5월 당시의 촬영원본을 찾기 위한 작업이 몇 단계를 거쳐 이루어졌고, 약 50여개의 파일로 좁힐 수가 있었습니다. 이 파일들은 당시 국내 언론이 촬영한 내용과 해외 언론이 촬영한 내용이 섞여 있었습니다.

2) 해외 언론이 취재한 것으로 추정되는 파일의 출처를 명확히 하고, 혹시 해외언론기관에 추가 영상이 있는지 확인하기 위한 작업을 시작했습니다.

미국 ABC, CBS, NBC와 독일의 NDR이 주요 조사대상이었습니다.

몇몇의 영상들이 새롭게 수집됐습니다. 특히 미 ABC에서는 그 동안 볼 수 없었던 5월 26일 "죽음의 행진" 촬영원본을 확보할 수 있었습니다.

몇 번을 문의하고 또 확인했던 해외리서처 이상아님의 집요함 덕분이었습니다.

3

확보된 영상들을 날짜별로 정리해서, 전문가들의 자문을 받았습니다.

똑같은 금남로 상황이지만, 당시 도로위 상황, 날씨 상황 등에 따라 날짜가 달라졌습니다. 또 비슷해 보이는 시민성토대회의 모습도, 당시 활동하신 분의 옷의 색이나 분수대 주변의 상황 등에 따라 날짜가 특정됐습니다.

그리고 영상이 촬영된 당시의 상황을 보다 정확히 알기 위한 취재가 이루어졌습니다. 그 과정에서, 1980년 5월 27일 새벽, 금남로 '전일빌딩'에서 어떤 일들이 벌어졌는가에 대한 내용을 파악할 수가 있었습니다.

방송이 끝난 후에도 수개월에 걸쳐 보충작업을 계속한 취재작가 김희은님의 열의와 성실함 덕분이었습니다.

4

이 책은 크게 세 부분으로 구성되었습니다.

먼저 방송 내용을 설명한 부분, 국내 취재와 해외 영상수집 과정, 그리고 5.18민주화운동 영상기록물 연구에 관련한 논문입니다. 이 연구논문은 한국 근현대사 영상 아카이빙 작업을 30여년 가까이 지속해 온 김정아님의 노력과 시간이 쌓여진 결과로 보입니다.

방송을 업으로 하는 사람들은 흔히 방송을 날린다고 표현합니다. 전파에 실어서 날리는 것이죠. 그런데 굳이 책으로 출판하고자 했던 이유는, 방송에서 미처 담지 못했던 국내 취재와 해외 영상수집 과정 및 5.18민주화운동 영상기록물 연구에 관련한 논문을 같이 엮어 보고자 함이었습니다.

5

방송이 완성되기까지, 그리고 이번 책이 나오기까지, 많은 분들의 노력과 수고가 있었습니다.

바쁘신 와중에도 본인들의 일처럼 참여해주셨던 이재의 선생님, 김태종 선생님을 비롯한 자문위원 분들께 감사드립니다.

엄청난 양의 파일들을 선별하는 작업에 힘써주신 컨텐츠 아카이브부의 유용준님, 보다 좋은 음질을 확보하기 위해 노력해 주신 SMR 김형창 감독님, 방송내용을 시청자에게 보다 친숙히 전달하는 화면구성을 위해 항상 애써 주시는 김명윤 편집감독님께 감사드립니다.

어려운 환경에서도 흔쾌히 출판을 결정해주신 선인 윤관백 사장님과 코로나로 힘든 작업 환경속에서도 묵묵히 작업을 진행하신 박애리 실장님께 감사드립니다.

6

몇 가지 아쉬운 점을 남깁니다.

1. 1980년 5월 당시, 해외언론사는 많은 한국인 스탭(카메라맨, 통역, 기사 등)들과 함께 했습니다. 그분들을 찾아서 취재를 했다면 훨씬 더 자세한 당시의 상황을 알 수 있으리라 기대했지만, 아쉽게도 찾지를 못했습니다.

2. 1980년 5월 19일부터 광주에는 미 CBS를 비롯한 많은 외신들이 현장에서 촬영을 진행했습니다. 그런데 유독 도청 앞 집단발포가 있었던, 5월 21일 오전을 찍은 외신의 영상을 찾을 수가 없었습니다. 당시 해외언론 취재자들은 어디에 있었을까요?

3. 1980년 5월 26일, 도청에서는 윤상원 시민군 대변인의 기자회견이 있었습니다. 당시를 촬영한 스틸사진이나 영상을 찾고 싶었는데, 찾지 못했습니다.

5.18 민주화운동의 진실규명과 더 좋은 방송 프로그램 제작에 이 책이 작은 기여라도 할 수 있기를 바랍니다.

다큐 인사이트 영상 아카이브 〈오월의 기록〉 제작팀

추천사

아픈 역사와 어떻게 마주해야 하나?

5·18은 1980년 5월 18일부터 5월 27일까지 전남 광주시(현 광주광역시)에서 발생하여 인근 지역으로까지 확산된 '역사적 사건'이다. 짧다면 짧고 길다면 긴 열흘 동안의 사건이 여러모로 한국 사회에 커다란 파장을 불러일으켰다. 비록 5월 27일 어둠을 틈타 전개된 군의 무력진압작전(상무충정작전)으로 인해 광주 시민들의 저항은 비극이 됐지만, 광주의 패배는 좌절된 희망이 아닌 새로운 시작이었다. 광주 시민들을 학살하고 권력을 장악한 신군부 세력은 '정의사회 구현'과 '복지국가 실현'을 국정지표로 내세우며 제5공화국을 출범시켰다. 그러나 광주 시민들은 물론이고 이 땅의 사람들도 이 말을 곧이곧대로 받아들이지도 믿지도 않았다.

1980년 5월 27일 어둠을 깨는 총소리에 놀란 광주 시민들은 두려움과 분노에 떨며 밤을 지새웠으나 어둠의 패배를 인정하지 않았다. 항쟁 기간에 시민들의 함성으로 가득했던 전남도청 앞 분수가 다시 틀어지자 시민들은 '분수를 꺼라!'고 강력히 항의하며 '강제된 평화'를 거부했다. 얼마 지나지 않아 광주 시민들은 '진상규명'과 '책임자 처벌'을 외치며 새로운 싸움에 나섰다. 그리고 열흘 간의 외로웠으나 정의로웠던 광주를 생각하며 속울음을 삼키던 대한민국의 국민들도 손을 내밀어 맞잡으며 함께 싸워나갔다.

1980년 5월 광주에서의 열흘 간의 외침과 저항은 한국 사회의 송두리째 뒤흔들었다. 인권이 왜 존중돼야 하고, 민주주의는 왜 중요하며, 국가와 공권력의 의미란 무엇인가 등의 문제를 한국 사회에 던져줬다. 5·18은 정치군인들이 권력을 잡으러 병영을 뛰쳐 나왔을 때 국민들의 일상과 삶이 어떻게 파괴되고 생존을 위협받으며, 종국에는 국민들이 얼마나 불행해질 수 있는가를 보여줬다. 또 민족분단으로 인한 '국가안보'의 논리가 얼마나 허무맹랑하고, 민족분단의 폐해가 한국 사회에 어떤 영향을 미치는지 다시 생각토록 했다.

5·18을 겪고 난 이 땅의 사람들은 미안함과 부끄러움으로 각성한 뒤 42년 전 광주 시민들이 끝맺지 못한 외침을 함께 외치고, 그것은 한국 사회의 민주화에 커다란 지렛대가 됐다. 그 함성과 몸부림이 모아져 1987년 6월의 항쟁으로 폭발했다. 이렇듯 5·18은 한순간의 패배와 죽음을 딛고 한국 사회의 민주화에 새로운 가능성을 던져준 '역사적 사건'이었다. 또 한국전쟁

이후 처음으로 국민들이 총을 들고 부정한 국가 공권력에 저항한 '역사적 사건'이었다.

5·18은 한국 사회에만 커다란 영향을 미친 게 아니었다. 5·18을 계기로 다시 생각하게 된 인권과 민주주의는 인류가 공통으로 지켜야 할 가치이다. 그렇기에 지금도 세계 각지에서는 5·18의 가치를 되새기며 본받으려는 시도가 계속됐으며 오늘도 계속되고 있다. 5·18의 상징인 '님을 위한 행진곡'이 또 다른 한류의 유행가처럼 전 세계 곳곳에서 널리 불리는 게 당연한 현상이다.

자연 5·18의 가치와 관련 자료의 중요성은 국제 사회로부터 인정받았다. 유네스코는 "세계기록유산은 영향력, 시간, 장소, 인물, 주제, 형태, 사회적 가치, 보존 상태, 희귀성 등을 기준으로 선정된다. 기록유산은 일국 문화의 경계를 넘어 세계의 역사에 중요한 영향력을 끼쳐 세계적인 중요성을 갖거나 인류 역사의 특정한 시점에서 세계를 이해할 수 있도록 두드러지게 이바지한 경우 선정된다. 또는 전 세계 역사와 문화의 발전에 큰 기여를 한 인물 및 인물들의 삶과 업적에 관련된 기록유산도 있다. 형태에 있어서 향후 기록문화의 중요한 표본이 된 경우, 예를 들면 야자수 나뭇잎 원고와 금박으로 기록된 원고, 근대 미디어 등과 같은 매체로 된 기록유산도 있을 수 있다."는 기준 아래 세계기록유산을 등재하고 있다. 이 같은 기준 아래 2011년 유네스코(UNESCO)는 5·18 관련 자료를 인류가 보존해야 할 세계기록유산으로 등재했다. 5·18이 불의한 국가권력이 국민의 존엄성을 유린하고 권리를 짓밟을 때, 그것이 얼마나 비극적이며 반인권적인가를 적나라하게 보여준 사건이고, 한국의 민주화는 물론 필리핀, 태국, 베트남 등 아시아 여러 나라의 민주화운동에 커다란 영향을 주었으며 민주화 과정에서 실시한 진상규명 및 피해자 대상 보상 사례도 여러 나라에 좋은 선례가 되었다고 평가했기 때문이다. 또 5·18을 '전환기의 정의(transitional justice)'라는 과거 청산에서도 하나의 모범 사례로서 규정했다. 다시 말해 유네스코는 5·18의 핵심 가치인 인권과 민주주의, 국가폭력, 과거사 청산 등을 높이 평가하며 관련 자료를 세계기록유산으로 등재한 것이다.

유네스코 세계기록유산에 등재된 5·18 관련 자료는 '공공기관이 생산한 각종 자료, 「김대중내란음모사건」 자료, 시민들이 생산한 성명서·선언문, 일기, 취재수첩, 국회의 5·18 진상규명 속기록, 국가의 피해자 보상자료, 미국의 5·18 관련 비밀해제 문서, 흑백필름 및 사진, 시민들의 구술, 피해자들의 병원 치료기록' 등이 있다. 구체적으로 살펴보면 먼저 공공기관이 생산한 각종 자료는 주로 전남도청과 광주시청, 광주시 동구청, 광주지방검찰청(광주지검) 등에서 생산한 자료이다. 전남도청을 비롯하여 광주시청, 광주시 동구청 등에서는 일지와 각종 서류를 생산했고, 광주지검은 무엇보다도 5·18 기간 희생된 피해자들의 검시조서를 남겼다. 미국의 비밀해제 문서는 사본이기는 하지만 원본과 다를 바 없어 등재됐으며, 시민들의 구술과 피해자들의 병원 치료기록은 5·18 기간 광주에서 어떤 사건이 있었는가 구체적으로 확인할 수 있는 자료이다. 현장에서 취재한 기자들의 취재수첩과

필름 및 사진, 신군부 세력이 5·18을 김대중내란음모사건이 실행된 것으로 몰아간 기록, 시민들의 자료, 그리고 과거사 청산의 모범으로 기록된 제13대 국회 진상규명특위의 기록 등이 보존해야 할 자료로 인정받았다.

그런데 한 가지 아쉬운 점은 유네스코의 기록물 중에서 몇몇 자료가 누락됐다. 무엇보다 5·18을 촉발시킨 군의 자료이다. 민간에서 군 자료에 접근하는 게 쉽지 않은 결과이다. 그리고 누락된 또 다른 자료는 국내외 언론인들이 촬영한 영상 자료이다. 이것은 유네스코가 영상 자료의 가치를 인정하지 않아서가 아니다. 유네스코의 등재 기준인 '유일하며 대체 불능해야 하고, 이 유물의 손실 또는 훼손이 인류 유산에 막대한 손실을 초래해야 하며, 일정 기간 세계의 특정 문화권에서 역사적 의미를 가진 자료'라는 유일성·영향력에 영상 자료가 부합되지 않았으며, 저작권 문제가 발생하기 때문이다. 비록 누락됐으나 5·18이 일단락 된 이후 영상 자료는 계속 발굴되어 오고 있으며, 그 가치는 새삼 강조할 필요가 없을 만큼 중요하다. 5·18 영상 자료는 다른 어떤 자료들보다 1980년 5월 광주에서 발생한 사건과 그 현장을 재현하는데 핵심적이며 기초적인 자료이다. 다른 자료들과 달리 현장 분위기를 생생하게 전달하고 있기 때문이다.

자료를 엮어 사실을 재구성해야 하는 역사학자로서 5·18 영상은 복잡한 감정에 빠져들게 만든다. 무엇보다 영상 자료를 보는 것만으로도 무척이나 반갑고 기쁘다. 하나의 화면이 다른 어떤 자료보다 현장의 생생함을 담고 있어서이다. 관련 자료, 특히 군 자료의 왜곡과 은폐가 심각한 상황에서 영상 자료는 문헌 자료에서 미처 담지 못하는 현장의 분위기를 그대로 보여주고 있다. 하지만 다른 한편으로 42년 전 광주의 비극이, 광주 시민들의 항쟁과 국가폭력이 고스란히 담겨 있어 안타까우면서 분노가 치밀게 한다. 영상에는 길거리에서 쫓기거나 구타당하고 피 흘리며 쓰러진 광주 시민들의 모습이 여과없이 담겨 있다. 굳이 설명을 덧붙이지 않더라도, 때로는 한 컷의 장면만으로도 많은 이야기가 가능할 정도이다. 영상 자료가 갖는 힘이다.

그동안 5·18을 촬영한 영상은 다양한 기관이나 단체에서 수집, 제작했다. 특히 5·18이 무력 진압된 직후부터 국내외에서 수집된 필름을 이어붙여 만든 해적판 영상물이나 다름없었던 5·18 영상은 5·18의 진상을 널리 알리는 주춧돌이 됐다. 42년 전에 광주로 들어간 국내외 언론인들이 찍은 영상이 현장의 생생하고도 비극적인 광경을 거르지 않고 그대로 전달해준다. 5월 21일 오후 1시 이후 당시 국내 기자들도 광주에 있었으나 계엄령이 시행(1979년 10월 27일)된 이후 군의 검열과 통제를 받은 까닭에 제대로 보도할 수 없었다. 이 때문에 광주 시민들이 국내 언론과 국외 언론을 대하는 태도가 달랐다. 광주 시민들은 국내 언론인들을 믿지 못했고, 이와는 반대로 국외 언론인들에게는 열린 마음으로 현장의 상황을 찍을 수 있도록 허락했다. '오월의 기록'에 국내 언론보다 국외 언론이 촬영한 영상 자료가 많은 이유이며, 42년 전 5월 광주의 KBS와 MBC 방송국이 불타버린 이유이기도 하다.

이제 '오월의 기록' 안으로, 영상 속으로 들어가 보자. '오월의 기록'을 복원하기 위해 다큐 인사이트팀에서는 많은 시간과 노력을 기울였다. 굳이 취재가 아닐지라도 한컷의 장면마다 당시 상황을 짐작케 한다. 그중에는 그동안 그리 좋지 않은 화질로 이전에 공개된 영상이 있는가 하면 '오월의 기록'에서 새로 발굴된 영상도 있다. 국내외에 흩어진 영상의 출처를 찾아내고 관련 문헌을 찾아 대조하며 세 차례의 자문회의를 열어 전문가들의 검증을 거친 뒤 영상의 날짜를 꼼꼼하게 확인해갔다. 보통 한 편의 다큐를 제작하는 과정을 볼 때 관련 자료를 찾고 관련자와 인터뷰하여 이것을 기본으로 방송물을 구성한다. 그런데, '오월의 기록'의 제작은 이 같은 제작 방식과는 조금 다른 과정을 거쳤다. 이렇게 완성된 화면을 날짜별로 배치하여 시청자들에게 '날 것 그대로'의 화면을 보여줌으로써 5·18의 현장을 생생하게 재구성했다. 앞서 말한 영상 자료가 갖는 힘을 그대로 드러냄으로써 다른 다큐와는 다른 방식으로 5·18에 접근했다. 제작진의 노력이 그대로 묻어나는 영상이었다.

간혹 '자료가 말을 하고 말을 건다.'고 생각하는데, 이 '오월의 기록'에서 보여진 영상이 그러하다. 일자별로 배치된 영상을 보고 있노라면 42년 전 5월 광주의 상황이 어떠했는가를 알 수 있다. '오월의 기록'은 5월 27일 새벽으로부터 시작한다. 총소리와 함께 공수부대 특공조 대원들, 그리고 전일빌딩에서 연행되는 시민군과 이것을 지켜보는 시민, 이윽고 줄줄이 끌려 나오는 시민들, 그들 중에는 고등학생들도 보인다. 그때 겁에 질린 표정의 앳된 모습의 어린 고등학생이 지금은 환갑을 넘겼다. 작전이 끝난 전남도청 앞 풍경도 낯설다. 군이 다리에 발포해서 그다지 사상자가 많이 발생하지 않았음을 영어로 강변하는 한 장교와 차마 고개를 들지 못한 채로 군가를 함께 부르지 못하는 한 공수부대원의 모습이 대비된다. 같은 군인인데, 여유롭게 웃는 장교의 모습과 슬픈 사병의 모습이 그저 계급과 지위의 차이는 아닐 것이다. 1980년 5월 27일 아침 전남도청 앞 풍경이 담겨진 여러 화면은 많은 것을 얘기한다. 좌절된 희망, 국민들을 무력 진압한 것을 당연하게 여기는 지휘관들, 아무 일도 없었다는 듯이 씻겨진 피자국이 그날의 참혹함을 대변한다.

1979년 '10·26' 이후 유신독재가 몰락해가자 한국 사회는 희망을 꿈꾸었다. 감시와 통제, 금지와 '긴급조치' 등으로 상징되는 유신독재가 무너졌으니 국민들은 잃어버린 자유와 민주주의를 되찾을 것으로 기대했다. 국민들의 부푼 꿈은 이내 신군부에 의해 좌절되고 이른바 '서울의 봄'도 1980년 5월 15일을 기점으로 잦아들었다. 그러나 다른 지역과 달리 5월 16일 광주에서는 민족민주화성회와 횃불시위가 열렸다. 전남도청 앞 분수대에서 민주주의를 웅변하는 전남대총학생회장 박관현의 음성에 민주주의에 대한 간절한 열망이 담겨있다. 곧 한국 사회에 민주주의의 꽃이 필 것이라는 희망이 신군부에 의해 무너졌다. 5월 16일 중동을 순방하던 최규하 대통령의 조기 귀국에 뒤이어 5월 17일에 비상계엄이 전국으로 확대되며 대학 휴교령이 실시됐다. 5월 18일 새벽 계엄군이 각 대학을 점거하며 학생들을 연행했다. 5월 18일 아침 전남대 정문 앞 시위가 해산되자 학생들은 금남로로 진출해 시위했다. 이날 오후 4시경부터 광주 시내에 투입된 공수부대(제7공수여단 33대대와 33대대)는 시민들의 상상을 뛰어넘어 잔혹하게 시위를 진압했다. 눈앞에서 벌어지는 군의 폭력을 목격하며 시민들은 두려움과 걱정에 떨었다. 그런데 이날이 일요일이며 5·18의 초기 단계라 사진이나 영상이 아직까지 발굴되지 않았으며, '오월의 기록'에서도 5월 18일의 영상은 빈칸이다. 다음날은 전날 서울에서 급파된 제11공수여단 병력이 시내에 투입됐다. 일요일을 쉬고 시민들이 직장에 출근했으나 이날 전남도청 앞부터 금남로 3가까지는 사람이건 차량이건 출입이 금지됐다. 화면 속에 나오는 광경이다. 공수부대원들의 폭력이 계속되자 시민들이 본격적으로 시위에 합류했다. 5·18은 시민들이 공수부대원들에게 두들겨 맞고 끌려가며 피 흘리는 광경으로부터 본격화됐다. 즉 공권력에 의해 시민들의 일상이 파괴되는 것으로부터 시작된 것이다. 전날 금남로와 충장로 등 광주 시내의 중심가에서 벌어진 참혹한 광경을 목격하거나 소식을 전해 들은 시민들이 학생들을 보호하겠다며 시위에 적극 합류해서 강경하게 공수부대에 맞섰다. 또 이날 '경상도 군인들이 전라도 사람들을 죽이러 왔다.'는 유언비어가 유포됐다. 누가 지역감정을 선동하며 시민들을 자극했는지 밝혀지지 않았으나 그 때문에 이날 경상도 번호판을 단 차량이 불태워지기도 했다. 하지만 시민들은 이내 지역감정을 선동하는 악선전에 속지 않고 더 이상 이 같은 불상사는 일어나지 않았다. 5월 20일 오후 차량시위는 5·18을 한 단계 상승시켰다. 이미 3일 동안의 폭력과 야만을 목격하고 때로는 공수부대원들의 폭력에 피해를 입던 택시 기사들의 시위 모의에 버스와 트럭의 기사들이 합류함으로써 차량 시위가 전개됐다. 당시 현장을 취재하고 있었던 한 원로 언론인은 금남로 3가로 들어오는 차량 대열을 보며 구원군이 오는 것 같아 "눈물이 났다."고 감정을 토로했다. 이후 시민들은 공수부대에 적극 대항했고, 이날 밤 광주역 부근에서는 5·18 최초로 군(제3공수여단)에 의한 집단발포가 있었다. 그로 인해 많은 시민들이 희생되고 부상당했다. 5월 21일 새벽 5시 무렵 참혹하게 내팽겨쳐진 두 구의 시신은 분노로 들끓고 있던 광주 시민들의 감정에 불을 질렀다. 시민들은 두 구의 시신에 태극기를 덮고 손수레에 실어 전남도청 앞으로 향했다. 군 자료에 이날 오전부터 전남도청 앞 금남로에 10만 명이 넘는 시민들이 모여들었으며 통제불능이라고 평가했다. 공수부대만으로 진압할 수 없었기에 이날 오전 시민들과 대화했으며, 시민 대표들이 전남도청 안으로 들어가 전남도지사와 협상했다. 협상에서 시민 대표들은 '정부의 공식 사과, 책임자 처벌, 정오까지 공수부대 철수' 등을 요구했다. 그러나 되돌아온 것은 오후 1시경부터 시작된 계엄군의 집단발포였다. 전남도청 앞 금남로 뿐 아니라 전남대, 조선대 등지에서도 군의 총구가 불을 뿜었다. 전남대 정문 부근에서는 임산부가 군의 총격에 쓰러졌다. 한 발의 총탄에 두 생명이 희생된 것이다. 한 가지 의문스러운 점은 이날 군의 발포 광경을 담은 영상이나 사진이 발굴되지 못한 점이다. 계엄군의 집단발포와 뒤이은 조준사격으로 인해 수많은 시민들이 희생됐다. 관이 부족하고 부상자들에게 필요한 피가 부족했다. 영상에는 이러한 어려움이 고스란히 담겨있고, 시민들 스스로 이러한 어려움을 극복해가고 있음이 드러난다. 군의 발포로 많은 시민들이 희생되자 광주 시민들은 광주와 인근 지역에서 무기를 꺼내와 무장 저항했다. 결국 이날 오후 계엄군이 철수함으로써 광주 시내는 시민들이 장악했다. 국가권력이 사라진 광주 시내에서 시민들 스스로가 평화와 일상을 찾아갔다. 한편 시민들은 수습대책위원을 전교사로 보내 계엄 당국과 협상했다. 그러나 군은 광주 외곽을 무장 봉쇄하고 광주 시민들에게는 무기 반납만을 강요했다. 시민군을 비롯한 광주 시민들은 정부의 인정 및 사과와 사후 안전 보장이 없는 무기 반납은 투항으로 이해했다. 그렇기에 처음 전남도청에서 구성한 시민수습대책위원회가 군과의 협상 이후 무기 반납을 강변하다 전남도청 앞 분수대에서 시민들의 손에 끌려 내려왔다. 그 뒤 재야 인사들을 중심으로 시민수습대책위원회가 재편됐다. 시민들은 쌀과 음식을 가져오고 거리에 밥통을 내걸어 주먹밥을 나누고, 전두환을 비롯한 정치 군인들을 규탄하며 결사항전을 결의했다. 군의 폭력과 총격에 쓰러진 희생자들의 시신을 수습해 전남도청에 안치했으며, 신원이 확인된 희생자들은 상무관으로 옮기고 향을 피웠다. 또 전남도청 옥상의 국기 게양대에 조기를 내걸어 고통과 슬픔을 함께 했다. 군의 요구와는 상관없이 광주 시민들은 시내에 풀렸던 무기를 회수하여 총기 사고를 예방했다. 군을 비롯한 모든 국가 공권력이 없는 자리를 시민들이 채워간 셈이다. 광주 시민들은 매일 오후 3시에 전남도청 앞 광장에 모여 굳은 의지를 결의하고,

이 같은 비극을 일으킨 전두환을 규탄하며 화형식도 치렀다. 분수대가 연단이었으나 그렇다고 뚜렷이 정해진 연사 없이 모두가 주인인 집회였다. 흡사 구한말 종로 네거리에서 열린 만민공동회와 비슷했다. 점차 일상과 평화를 찾아가는 시민들과 달리 정부 책임자들은 무책임했다. 박충훈 국무총리는 광주를 '폭동'의 도시로 매도했고, 최규하 대통령도 비슷한 입장의 담화문만을 발표한 채 서울로 되돌아갔다. 당시 광주 시민들은 총리가, 대통령이 왔다는 소식을 듣고 광주 시내로 방문할 것으로 기대하며 전남도청 앞에서 기다렸으나 두 사람 모두 상무대의 전투교육사령부만 방문하고 군의 보고만 들은 뒤 광주 시민들을 훈계하는 준비된 담화만을 발표했다. 5월 26일 이른 아침 계엄군은 탱크를 광주 시내로 들여보내 시민들의 투항을 겁박했다. 이 소식을 들은 시민수습대책위원들이 탱크 앞으로 걸어가는 '죽음의 행진'에 나선 뒤 군과 만나 협상했다. 그러나 이미 무력진압을 계획하고 있었던 군은 무조건 무기반납만을 내세우며 시민 대표들의 호소에 귀 기울이지 않아 협상은 결렬됐다. 다음날 5월 27일 새벽 각 공수여단에서 차출된 특공조가 광주 시내 주요 지점을 침투 장악하고 탱크를 앞세운 보병부대가 뒤따르는 '상무충정작전'이 전개됐다. 이날 새벽 4시경부터 작전을 시작한 공수부대 특공조는 한 시간 여 뒤에 시민들의 저항을 무력 진압한 뒤 주요 지점을 장악하고 보병 제20사단에 인계함으로써 상무충정작전은 끝이 났다. 계엄군은 광주 시내 주요 지점에 참호를 쌓고 시민들과 집을 검문검색하는 한편 전남도청과 전일빌딩, YWCA 등지에 쓰러진 시민들의 시신을 수습했다. 동시에 끝까지 남아있던 시민들을 상무대로 연행했다. 그리고 상흔이 남은 시가지를 청소하며 소독함으로써 열흘의 항쟁은 막이 내렸다. 시민들에게 감사의 인사를 전하는 대학생 수습대책위원회 방송반의 목소리가 더욱 애처롭게 들린다. 영화 '제17포로수용소(1957)'의 주제가를 배경으로 '폭도들은 투항하라!'는 계엄군의 방송, 묶인 채 분류된 시민들의 등에 매직으로 낙인처럼 칠해진 글자, 울고 있는 한 여학생(박미순. 야학 학생), 항쟁 기간 시민들로 가득했던 전남도청 본관 앞 공터에 널부러진 시신들, 검게 그을린 윤상원(시민학생투쟁위원회 대변인. 님을 위한 행진곡의 주인공)의 시신으로 '오월의 기록'은 끝이 난다.

'오월의 기록'이 제작되기 전에 영상을 보며 놀랐고, 나중에 완성된 화면으로 볼 때 더욱 놀랐다. 화면 속에는 개인적으로 궁금했던 분이 나온다. 그 전까지 선전반에서 활동하다 5월 27일 새벽을 앞두고 야학 선생님이 전남도청 밖으로 내보냈음에도 다시 돌아왔다가 결국 연행된 야학 여학생이다. 영화 '화려한 휴가'의 마지막 장면을 연상시키는 얘기지만 사실이다. 때로는 사실이 영화나 드라마보다 더 극적이며, 5.18이 그러했다. 5.18만이 그런게 아니라 한국현대사에 켜켜이 쌓인 이야기들이 사실임에도 더 극적일 때가 있다. 흔히 '에이~ 설마'라고 말하지만, 그 '설마' 같은 이야기가 많은 부분은 사실이다. '오월의 기록'은 그 '설마' 같은 이야기가 꾸며낸 거짓이 아님을 담담하게 그려낸다.

마지막으로 '오월의 기록'이 시작 무렵에 연행되는 버스 안에서 한 시민의 품에 안겨 밖을 내다보고 있는 서너 살 가량의 꼬마 아이가 있다. ‘오월의 기록’이 방송된 뒤에 가족들이 나타났지만, 아직까지 그 꼬마 아이는 아직 찾지 못하고 있다 한다. 계속되는 관심이 필요하다. 5월 27일의 아침이 끝이 아닌 시작이듯이, ‘오월의 기록’이 또 다른 새로운 자료 발굴의 시작이며 디딤돌이 될 수 있기를 기대해본다.

노영기 조선대학교 교수

Contents

PART
01

다큐 인사이트

타임 라인

오월의 기록

5월 19일

04:00 공수부대 시내 배치
14:00 가톨릭센터 앞 시민 5천여명 집결
공수부대 금남로 투입

5월 21일

04:00 시위대 광주역 광장 시체 2구 리어카에 실어 금남로로 이동
09:50 시민대표 전옥주 도지사 장형태와 협상
13:00 도청 앞 집단발포
14:00 시위대 나주, 화순, 장성 등에서 무기 획득
17:30 공수부대 도청에서 철수
19:30 이희성 계엄사령관 담화문 발표
20:00 시민군 전남도청 장악

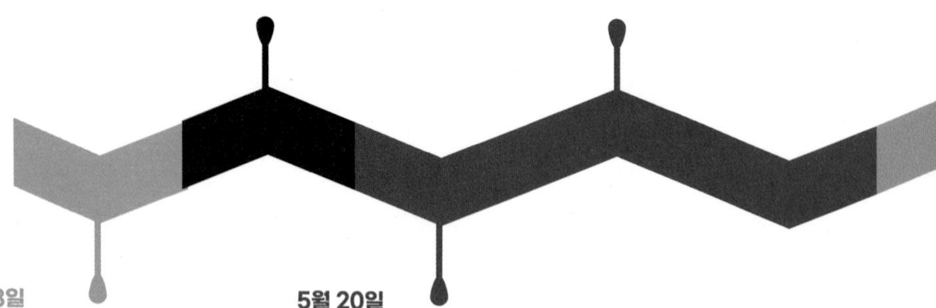

5월 18일

01:00 공수부대 전남대, 조선대, 광주교대 진주
11:00 금남로 대학생 5백여명 연좌시위
15:40 공수부대 진압작전 개시
21:00 광주지역 통행금지

5월 20일

10:20 계엄군 가톨릭센터 앞 시민 구타
15:00 금남로 시위 군중 5천여 명 집결
19:00 차량 시위대 금남로에서 공수부대와 충돌
23:00 광주역 앞 집단발포

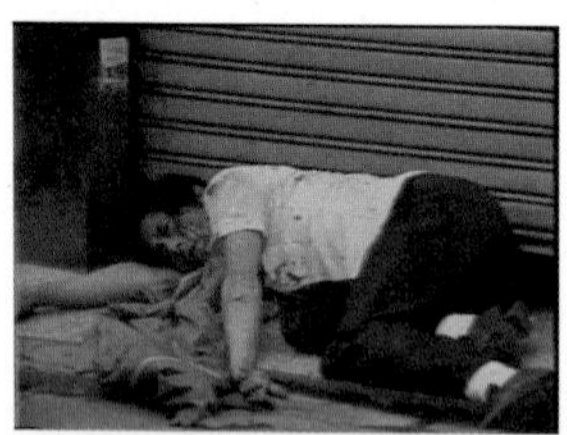

5월 22일

11:25 적십자병원 차량 헌혈 호소
12:00 도청 옥상 검은 리본과 함께 반기 게양
13:30 시민수습대책위원회 상무대 방문해 항의
17:00 도청 앞 시민궐기대회

5월 23일

15:00 제1차 민주수호 범시민궐기대회 개최
16:00 계엄군 봉쇄지역 교대 및 재배치
(외곽도로 봉쇄)

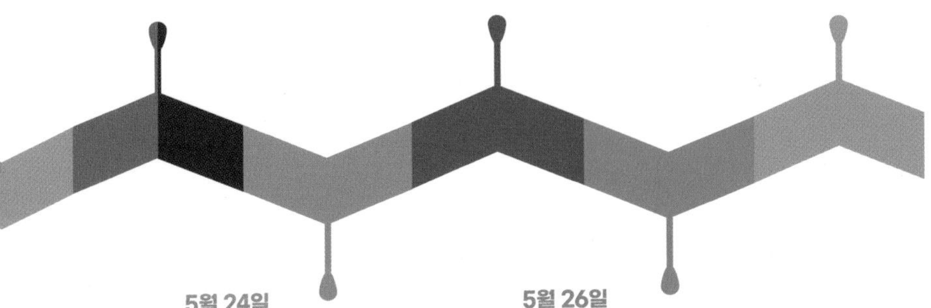

5월 24일

09:20 전남계엄분소장 무기 반납 종용 방송
14:50 제2차 민주수호범시민궐기대회

5월 25일

15:00 제3차 민주수호범시민궐기대회
18:10 최규하 대통령 광주 상무대 방문,
특별담화 방송
22:00 항쟁지도부 민주투쟁위원회 결성

5월 26일

04:00 계엄군 외곽봉쇄선 압박 탱크 진입, 화정동 농촌진흥원 앞 진출
08:00 죽음의 행진
10:00 제4차 민주수호 범시민궐기대회
17:00 윤상원 대변인 외신기자회견
24:00 시내전화 단절

5월 27일

04:00 공수부대 진압 개시
05:10 도청 진압작전 종료
07:00 공수부대 20사단에 도청 인계

PART
02

다큐 인사이트

영상일지

오월의 기록

이 프로그램은 5·18민주화운동 관련 국내·외 미공개 영상을 수집했으며 당시 현장에 참여하신 분들과 연구자들의 자문을 거쳐 영상의 일시, 장소, 인물, 소리 등을 확인, '5·18민주화운동 영상일지' 형식으로 구성하였습니다

영상에 기록되지 않은 많은 부분을 보여줄 수 없다는 한계와 당시 기록자의 상황이 반영되는 영상이 있음을 밝힙니다

1차 자문회의

날짜 2021년 3월 16일

참석자 양라윤(5·18민주화운동기록관 연구사)

김태종(전 5·18 민주화운동기록관 연구실장)

2차 자문회의

날짜 2021년 4월 26일

참석자 남성우 (전 KBS편성본부장, <광주는 말한다> 제작 PD)

이재의 (『죽음을 넘어 시대의 어둠을 넘어』저자, 5·18재단 연구위원)

노영기 (조선대 교수)

정호기 (전남대 교수)

박진우 (5·18기념재단 연구실장)

이경률 (문체부 옛전남도청복원추진단 전시콘텐츠팀장)

박현정 (문체부 옛전남도청복원추진단 사무관)

정용화 (전 5·18민주화운동기록관장)

홍인화 (5·18민주화운동기록관 연구실장)

원지혜 (5·18민주화운동기록관 연구사)

김태종 (전 5·18민주화운동기록관 연구실장)

3차 자문회의

날짜 2021년 5월 7일

참석자 이재의, 박진우, 김태종, 홍인화, 원지혜

전용호(『죽음을 넘어 시대의 어둠을 넘어』 저자)

영상자료라 카메라가 어디에 위치해 있느냐에 따라

시각이 달리 보이는데,

군인들이 부상당한 모습들이 많이 보입니다

이것은 자칫하면 상황에 대한 왜곡이 될 수도 있습니다

-남성우-

현재 존재하는 영상의 상황에 이르기까지의 과정이

없기 때문에 그 부분을 분명히 짚어줄 필요가 있습니다

-이재의-

전남도청 앞 분수대는 1980년 5월의 기억을 지닌 채 조용히 광주를 지키고 있다

영상 QR_18일 이전 상황

오월의 시작은
희망이었다
유신체제가 종말을 고하고
민주화에 대한 열망은 고조되었다
그 열망은 수만 명이 참가한
민족민주화성회로 표출됐다

1980년 5월 14~16일, 전남도청 광장에서 열린 민족민주화성회

촬영: KBS 광주

대형 태극기를 앞세운 채 행진하고 있는 2백여 명의 교수

촬영: KBS 광주

4.19이후 처음으로
전남대 교수들도 시위에 참여했다
광주지역 시위는
경찰과 합의하에 평화롭게 진행됐다

5월 14일 오후 4시에는 소나기가 내렸어요.
지금 보이는 교수들의 행렬은 거리행진 후 돌아가는 모습이에요.
금남로로 갈 때는 스쿨버스로 이동했고, 돌아갈 때는 걸어갔어요.
- 김태종, 당시 전남대 학생 -

서울역 광장에는 수십만이 모여
비상계엄 해제를 요구했다
도심 전체가 마비될 정도로
격렬한 충돌이 벌어졌다

촬영 : KBS, 일자: 1980년 5월 15일

이날(5월 15일) 시위 후 서울지역 학생들은
시위를 중단하고,
시국의 추이를
관망하기로 결정했다

촬영: KBS 광주

5월 16일 광주에서는
3만여 명이 모인 가운데
마지막 민족민주화성회가 개최됐고,
이는 횃불시위로 이어졌다

'군사쿠데타에서 유신 독재로 이어진 18년 간의 암흑을 민주화의 횃불로 밝히겠다'는 의지로 광주 전역에서 진행된 대규모 횃불 시위

제가 전남대학교 총학생회장 박관현이올시다. 우리가 민족민주화 횃불성회를 하는 것은 이 나라 민주주의의 꽃을 상징하는 것이요. 이 횃불과 같은 열기를 우리 가슴속에 간직하면서 우리 민족의 함성을 수습하여 남북통일을 이룩하자는 뜻이며 꺼지지 않는 횃불과 같이 우리 민주의 열정을 온 누리에 밝히자는 뜻입니다. 우리 광주시민 아니. 전남도민 아니. 우리 대한민국 모든 민족이 온 누리에 이 횃불을 밝히기 위해서 이 자리에 모인 것입니다

- 박관현 육성, 들불열사기념사업회 제공 -

휴교령이 내리면,
오전 10시 학교 정문에서
만나기로 하고 집회를 끝냈다

그날 밤,
중동을 순방 중이던 최규하 대통령이
일정을 앞당겨 귀국했다

영상 소장 : KBS

최규하 대통령 귀국 현장, 당시 전두환 보안사령관 참석

다음 날, 신군부 세력의 정권장악을 위한
사전 모의가 구체화 됐다

5월 17일	**11:00**	**전군 주요 지휘관 회의에서 비상계엄 전국 확대 결의**
	21:40	**임시 국무회의에서 계엄령 확대 의결**
5월 18일	**00:20**	**계엄군, 경장갑차와 전차 동원. 국회의사당 점거**
	01:00	**계엄 포고령 발령. 정치활동 금지, 집회 및 시위 금지, 대학 휴교 등**

* 제작진은 1980년 5월 18일의 모습을 담은 영상을 찾으려 노력하였으나,
당일의 영상을 찾을 수 없었다.

새벽, 공수부대 전남대 조선대 점령

광주시 동구청 상황일지 (당시 공무원들이 작성)

10:00 전남대 학생 약 200여 명 공용터미널에서
금남로 경유 관광호텔 골목으로 가고 있음
가톨릭센터 앞, 충장로 파출소 앞 학생과 경찰 투석 중

약속대로 오전 10시,
전남대 정문에 모인 학생들은
공수부대의 무자비한 폭력에
그대로 노출됐다
이후 학생들은 시내 중심가로 진출해
시위를 했고, 경찰은 이전과는 확연히
다른 양상으로
시위대의 해산을 종용했다

오후 4시 경,
공수부대가 시내에 투입됐다
학생들은 잘 훈련된 공수부대에
무참히 진압됐다
시민들도 예외는 아니었다

광주시 동구청 상황일지 (당시 공무원들이 작성)

16:00	무장군인 3트럭 내려서 한일은행 쪽으로 가고 있음
17:00	현대극장 앞 군인과 학생 투석전 중
18:15	청산학원 앞 학생 40여 명 연행
20:30	전대병원 앞에서 공수부대원이 학생 10여 명을 구타
21:00	조선대 입구 철로 변에서 공수부대 군인이 지나가는 학생 11명을 총 개머리판으로 구타. 1시간 20여 분 정도

공포의 밤이 지나갔고
소문은 빠르게 퍼졌다

* 급박한 상황을 촬영한 영상에는 카메라 뒤에 선 사람들의 목소리도 담겼다. 제작진은 해당 목소리를 VO(Voice Off)로 표기한다.

전날 공수부대가 학생들을 폭력적으로 진압하는 것을 보고 금남로로 나온 시민들

촬영/방송: 미 CBS, 방송 일자: 1980년 5월 19일, 제목: Student demos, 기자: Bruce Dunning

영상 QR_19일 상황

(군인) 다 가요 다 가
분산해요 빨리 분산.
분산

광주시 동구청 상황일지 (당시 공무원들이 작성)

10:20 가톨릭센터 앞 무장공수부대 5명, 시민 1,000명 정도 구경
학생들 잡으려 할 때 시민들의 야유로 저지

잡아 넘겨버려
한 놈만 잡아들여
(군인) 여기 있으면 맞아요
(시민) 좀 나가서 봅시다

광주시 동구청 상황일지 (당시 공무원들이 작성)

10:59 금남로 4가 한일은행 앞에서 공수부대와 학생 시민 대치(숫자 미상)

(군인 VO) 거기 안 들어가

광주시 동구청 상황일지 (당시 공무원들이 작성)

11:00 무장군인 소위가 시민들 돌에 의해 얼굴에 부상

시민들 보이면 무차별 구타 중

(시민VO) 아기 찾으러 왔는데, 아기

광주시 동구청 상황일지 (당시 공무원들이 작성)

11:00　　탱크 2대, 군용차 13개 가톨릭센터 앞 배치

(무전)

전 대대원에게 알린다

전방을 보라 전방을 보라

자기 책임 구역을 전달하고,
책임조를 향해 보고하라

광주시 동구청 상황일지 (당시 공무원들이 작성)

11:34 동구청 앞 도로에 머리 길고 젊은 사람은 잡혀 오고 있으며…
엎드리게 하고 두 손으로 곤봉을 잡아 전부 때리고 있고
뒹굴게 하여 동작이 늦으면 곤봉으로 무차별 때림
일부 시민은 머리에서 피를 흘려 윗옷이 빨갛게 되어 있음

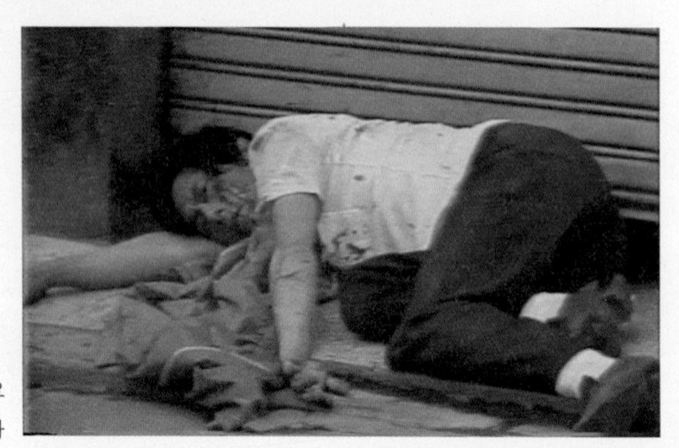

(시민) 나하고 이야기 좀 해줘요
다 죽어 이러다 말입니다

광주시 동구청 상황일지 (당시 공무원들이 작성)

11:34 20명 이상이 되면 군추럭 경찰차로 싣고 가고 있음 (숫자 미상)

(군인) 박으라고 했지. 누가 엎어져 있으라고 그랬어

광주시 동구청 상황일지 (당시 공무원들이 작성)

12:30 공수부대 탱크 및 차량 조선대학으로 철수

공수부대에 대한 공포는
분노로 바뀌어 있었다
공수부대가 점심 식사를 위해
잠시 비운 자리를 시민들이 채웠다

광주시 동구청 상황일지 (당시 공무원들이 작성)

14:40 시민 3,000여 명 충금 지하상가에서 출발

15:08 구청 앞 드럼통 1개 방화 3298 브리샤 1대 포니차 1대
포니 CBS 차량 불태워 도청 쪽으로 밀고 가고 있음

도로변의 대형 화분과 정류장 입간판 등으로 바리케이드를 친 시민들
군용 헬리콥터, 시위 대열 위로 저공 비행하며 선무방송

영상 소장: KBS

제작진은 흔히 5월 18일의 상황으로 사용된 영상에 대해 정확한 일자 확인을 요청했다.

18일에는 공수부대가 오후 4시 이후 금남로에 등장합니다.
18일은 일요일이어서 모두 쉬는 날이었죠.
갑자기 벌어진 사태라 기자들이 대부분 전혀 몰랐습니다.
때문에 공수부대 첫 투입장면을 찍은 영상과 사진은 현재 존재하지 않습니다.
시민들 앞에 화분 같은 것들로 친 바리케이드를 봤을 때 공수부대의 무자비한 진압행위에 시민들이 위험을 무릅쓴 채 반격 모드로 돌아선 19일 오후 상황이에요.

-이재의 5.18재단 연구위원-

전차, 장갑차, 트럭에 전 병력 싣고 도청에서 시위대를 향해 공수부대 돌진

광주시 동구청 상황일지 (당시 공무원들이 작성)

15:19　　도청 앞에 공수부대 차량 20여 대 도착… 시민들 쫓기고 있음

(군인1) 잡아 잡아
(군인2) 집으로 가

공수부대의 진압은
시간이 지날수록 거칠어졌다

거리에는 부상자들이 속출했다

광주시 동구청 상황일지 (당시 공무원들이 작성)

15:50 CBS 노병유(보도부 차장)와 미국인 1인(팀 원버그)이 머리에 타박상을 입은 남자 1명을 단가(들것)에 싣고 관광호텔 쪽으로 가고 있음

공수부대의 폭력적인 진압이 계속됐지만
오히려 시위는 광주시 여러 곳으로
확산됐다

제작진은 대형 트럭이 불타고 있는 영상을 발견하고, 장소 확인을 요청했다.

> 내가 이 장면을 그 곁에서 직접 봤어요.
> 고속터미널 앞입니다.
> 저 차가 내가 본 트럭이 맞습니다.
> 공용버스터미널과 달리 그곳에는 최루탄 연기가 없었어요.
>
> -이재의 5.18재단 연구위원-

광주시 상황일지 (당시 공무원들이 작성)

17:15 금남로에서 해산당한 일부 시민과 학생들이 시내 곳곳에서 산발적으로 군경과 대치

19:40 플라스틱 적재한 8T 트럭, 광주고속 앞에서 방화

영상 QR_20일 상황

광주시 상황일지 (당시 공무원들이 작성)

10:00 충장로 및 금남로에선 상가 완전 철시

이날부터는 시민들의 참여가
눈에 띄게 늘어났다

(방송) 길가에 계시는 시민들 빨리 들어가요
들어가요. 길가에 뭐 구경한다고 나왔어요
학생 여러분 집으로 돌아갑시다

광주시 상황일지 (당시 공무원들이 작성)

16:05 가톨릭센터 앞에서 시민, 학생 10,000여 명 시위 농성

애국가를 부르는 시민들

영상이 촬영된 날짜를 특정하기 위해 당시 상황과 함께 날씨도 고려했다.

19일 밤부터 내리던 비가 20일 오전 9시쯤까지 내리다 그쳤는데
해당 영상 속 시민 몇 명이 들고 온 우산을 흔드는 모습이 눈에 띕니다.
날씨와 상황을 봤을 때 20일이라는 것을 알 수 있어요.

\- 이재의 5.18재단 연구위원 -

항의하는 시민들

금남로에 탱크 진입

(시민1) 저놈들 밀 것이냐. 지금
(방송) 속히 집으로 돌아갑시다

(시민 VO) 잡지 마세요. 잡지 마세요
때리지 말고 잡지 마

(시민 VO) 왜 데리고 가. 보려고 왔지.

광주시 상황일지 (당시 공무원들이 작성)

19:00 버스 8대, 택시 50여대, 10톤 화물트럭 1대, 도청 앞까지 도착
시위군중 구청 앞부터 유동까지 인산인해

차량시위

차량시위는 광주시민들에게
큰 자극제가 되었다

조직적인 힘으로
공수부대와 맞설 수 있다는 자신감에
시민들은 환호했다

밤이 깊어지면서
광주 곳곳은 시위 군중들로 가득 찼다

진실을
제대로 보도하라는 요구는 거셌다

자정 무렵 광주역에서 발생한
최초의 집단 발포로 시민이 사망하였다

도심 전체가 분노에 휩싸였고
시위는 밤을 새워 계속됐다

광주시 상황일지 (당시 공무원들이 작성)

08:10 가톨릭센터 앞에 3,000~4,000명의 시민들이 모여들고 있으며…
시신에 태극기를 덮어 리어카 위에 놓고 시위 중이며,
아주머니들이 빵, 우유 등을 계속 운반 배식

영상 발굴: 5·18민주화운동 기록관

광주시 상황일지 (당시 공무원들이 작성)

09:40 데모 대원들이 아시아 자동차 공장에서 장갑차 1대 트럭 10대 가져감

영상 QR_21일 상황

촬영/방송: 독 NDR , 방송 일자: 1980년 9월 7일, 제목: Südkorea am Scheideweg, 기자: Jürgen Hinzpeter

20일에는 저렇게 군용차를 타고 다닐 수 없었어요.
20일 밤 차량 시위가 있기 전까지는 '도대체 우리가 공수부대를 상대로 해볼 수 있을까'라며 걱정하는 분위기였어요. 21일 오전 이후 상황으로 보입니다.

-이재의 『죽음을 넘어 시대의 어둠을 넘어』 저자-

전옥주, 시민대표로 공수부대 대대장에게 시내에서 철수 요구

전옥주 시민대표 육성

우리 시민들에게 한 번이라도 나와서 고생한다고 한마디씩 인사라도 해줘야지. 감쪽같이 숨어서 나타나지를 않는다거나 우리 시민들은 분노를 느끼니까 일차적으로 시장을 만나게 해주세요. 시장을 만난 다음에 대장을 만나서 우리 요구 조건을 들어주세요.

(군 현장 지휘관)

우리에게 화염병이나 돌을 던지지 않으면 저희들이 왜 무력 행세를 했겠습니까?

(시민)왜 군을 출동을 시켰느냐 그러면 그것이 잘못되었지.

(군 현장 지휘관)가만히 계세요

(시민)앉아 계세요. 조용히 합시다

(군 현장 지휘관)

만일 그런 식으로 말씀을 하신다면 대화가 중단이 됩니다. 다음 군인을 출동시킨 것은 대대장이 출동시키는 것이 아닙니다. 저희는 일선 지휘관입니다 그래서 저희가 철수하는 것은 지금 즉시 저희 대대장들이 돌아가서 건의를 해서 이러한 세 가지 조건에 대해서는 책임 있게 답변을 할 수 있는 분을 여러분 앞에 모시고 답변을 드리도록 그렇게 하겠습니다.

(시민) 몇 시까지요? 언제까지요. 언제까지.

(시민) 시간 약속 시간을 말하시오.

이 영상에 들어간 목소리는 전옥주 시민대표의 육성입니다.
1989년 KBS 특집 프로그램 <광주는 말한다> 제작 당시, 광주 시민 중 한 분이 21일 전옥주 시민대표와 지휘관의 대화 녹음 자료를 제공해줬습니다.
영상에 육성을 입혀 방송했고, 방송본을 KBS가 보관하고 있었어요.

-남성우 <광주는 말한다> 제작 PD-

시민들은 정오까지 공수부대 철수,
연행자 석방, 과잉진압 사과,
계엄사령관과의 면담주선 등을 요청했다

헬기가 도청 앞 광장에서
서류 상자를 실어 날랐다

시민들이 요구한 계엄군 철수시한인
정오가 지났지만
계엄군은 여전히 그대로였다

양측의 긴장이 고조되었다

12시가 가까워지면서 저런 현상들이 생기거든요.
그 전에는 계엄군과 시민이 양쪽에서 서로 마주보고 앉아 있다가 계엄군에게 요구한 철수 시간이 가까워지면서 점점 간격이 좁혀졌어요.
그러다 어느 선까지 가니까 시민들도 머무르고 버텼던 거죠.
처음엔 100M 이상 떨어져 있다 나중엔 10~20M 가까이 갔어요.

-이재의 5.18재단 연구위원 -

그때쯤 느꼈던 것은 '폭발 직전'이었어요.
진공상태에서 폭발하기 일보직전의 느낌이었어요.

-이경률 옛전남도청복원추진단 전시팀장-

광주시 동구청 상황일지 (당시 공무원들이 작성)

12:55 계엄군 사격(4~5발) 계속 사격

충장로1가 입구에서 총탄에 쓰러진 부상자를 황급히 이송하는 시민들.

비무장 시위대에 대한 발포는 계속되었다

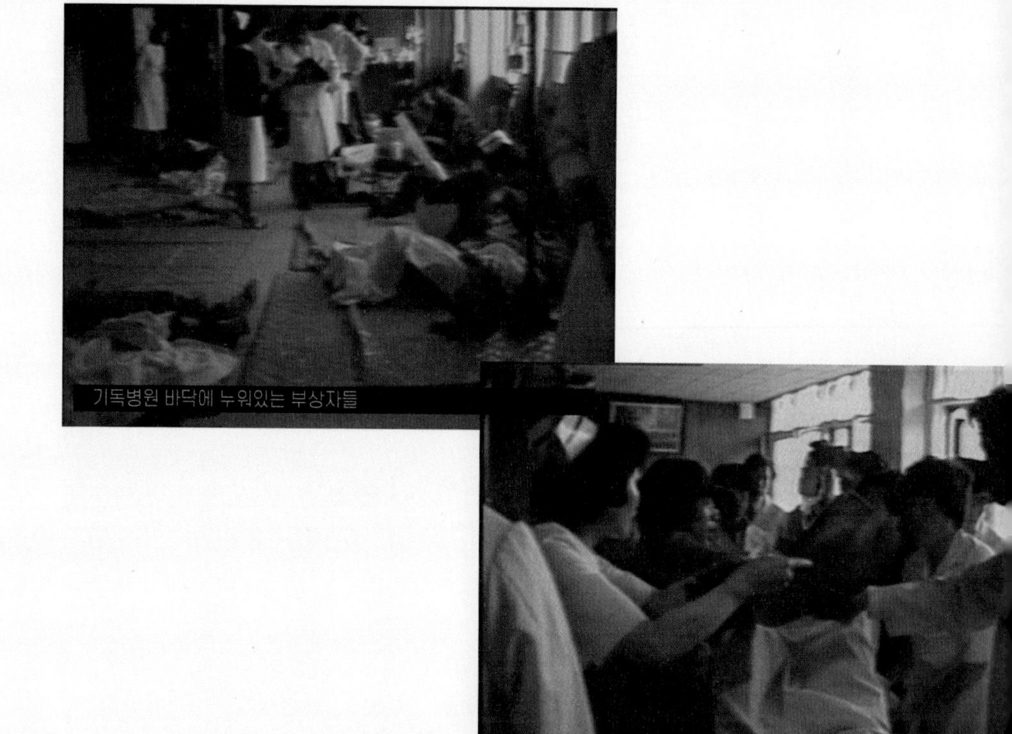

촬영/방송: 미 NBC, 방송 일자: 1980년 5월 22일
제목: Militant disruptions in South Korea, 기자: Jim Upshaw

병원은 총상을 입은 사람들과 총검으로 인한 상처를 가진 사람들로 넘쳐나고 있다. 시위대에게 적어도 한 번은 발포가 있었고, 꽤 많은 인원이 죽었다. 사망자의 수를 파악하기에 아직 도시가 너무 위험하기 때문에 얼마나 많은 사람들이 죽었는지는 아무도 모른다

-미 NBC 보도-

> 5월 21일이 부처님오신날이었기 때문에 대부분의 병원이 문을 닫았어요.
> 때문에 부상자들이 문을 연 기독병원으로 가장 많이 갔습니다.
> - 박현정 옛전남도청복원추진단 구술 채록 담당 사무관 -

지역 예비군 무기고 등에서
습득한 무기로 시민들은
무장을 하고 도청으로 향했다

촬영/방송: 독 NDR, 방송 일자: 1980년 9월 7일, 제목: Südkorea am Scheideweg, 기자: Jürgen Hinzpeter

계엄군은 발포명령을 은폐하기 위해
자위권이라는 명분을 내세웠다

5월 21일, 17시 30분, 계엄군 도청에서 철수

담화 / 1980년 5월 21일 19시 30분

지난 18일에 발생한 광주 지역 난동은 치안 유지를 매우 어지럽게 하고 있으며 계엄군은 폭력으로 치안 유지를 어지럽히는 행위에 대하여는 부득이 자위를 위해 필요한 조치를 취할 수 있는 권한을 부여하고 있음을 경고합니다

12:00 도청 옥상의 태극기, 검은 리본과 함께 반기 게양

영상 소장: KBS

(시민 VO) 이렇게 사람을 죽이면 어쩌자는 거야
우리가 공산당이라는 거야?

영상 QR_22일 상황

이날 아침 적십자 병원 헌혈차가
돌아다니며 헌혈을 호소하자
병원마다 헌혈 희망자들이
병원 밖 50미터까지 줄을 섰다

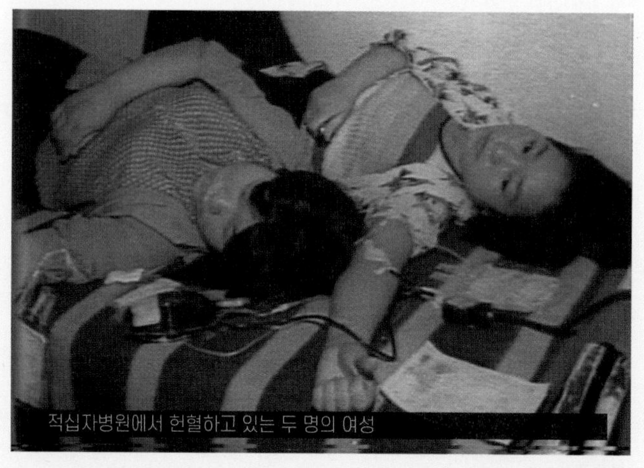

적십자병원에서 헌혈하고 있는 두 명의 여성

촬영: TBC

광주지검 기록을 보면 적십자 병원에서 피가 부족하다고 사람들에게 홍보했더니 너무 많은 사람들이 와 수혈 도구가 부족했고, 헌혈을 하고싶어도 할 수 없었어요.
21일부터 헌혈이 시작된 것으로 알고 있지만 헌혈하고 나오다가 돌아가신 박금희 열사 같은 경우에도 그렇고 21일 전부터 이미 헌혈은 상당히 많이 이뤄지고 있었어요.

-이재의 5.18재단 연구위원 -

시민들은 병원에 있던 시신들을
도청으로 옮겼다
급히 만들어진 관은
대패질도 제대로 되지 않은 상태였다

(시민) 도청이요

수집된 영상에 나오는 광주의 여러 병원들을 특정하기 어려웠다. 자문회의에서는 당시 광주 기독병원과 적십자병원에 대한 자문위원의 기억과 병원에 있었던 시민들의 이름을 통해 병원을 식별할 수 있었다.

> 시신을 덮은 천 위에 '전영진, 보호자 전계량'이라고 쓰여 있습니다.
> 전영진 씨가 안치됐던 곳은 기독병원이에요.
> -박진우 5·18재단 연구실장-

분수대 앞으로 옮겨진 신원이 확인된 시신

시민성토대회 형식의
자연발생적인 집회가 열렸다

도청 앞에서 열린 시민궐기대회에서 노래를 부르는 시민들

촬영/방송: 미 CBS, 방송 일자: 1980년 5월 23일, 제목: Student demos, 기자: Bruce Dunning

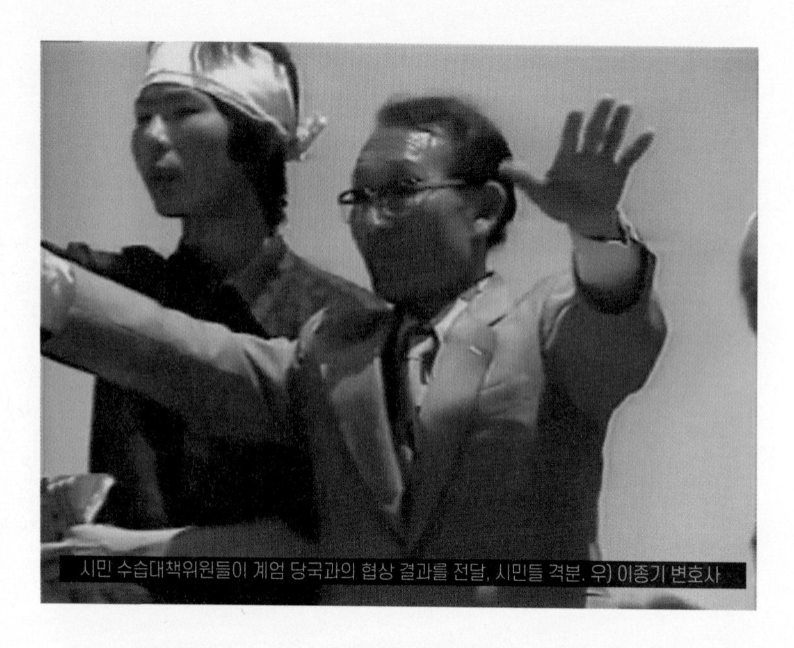

시민 수습대책위원들이 계엄 당국과의 협상 결과를 전달, 시민들 격분. 우) 이종기 변호사

수천 명의 사람이 모여 노래하고 김대중을 석방하라고 요구하고 있다. 그들은 굴복할 의사가 없어 보인다. 수습위원들은 획득한 무기를 반환하라고 권고했다
-미 CBS 보도-

정시채 부지사를 포함 전남도청 간부와 직원들, 이종기 변호사, 사업가 장휴동, 장세균 목사, 박재일 목사, 윤공희 대주교, 조비오 신부 등 지역 인사들이 참여하고 독립유공자 최한영을 위원장으로 한 수습대책위원회 구성

이종기 변호사는 22일 협상보고대회 때 분수대에 올라갔어요.
당시 현장에 저희 극회 광대의 플래카드가 없는 것으로 보아 22일입니다.
자연스럽게 시민성토대회가 열렸고, 이후 협상보고대회를 했던 장면이에요.
- 김태종 당시 전남대 학생, 극회 광대 -

계엄군은 광주 외곽을 봉쇄했다

촬영/방송: 미 NBC, 방송 일자: 1980년 5월 22일, 제목: Militant disruptions in South Korea, 기자: Jim Upshaw

박충훈 신임 총리가
사태 수습의 명분으로
광주를 방문했지만,
광주 상황을 계획적인 폭동으로 매도했다
시민들의 기대는 무너졌다

담화

이 엄청난 사태의 발단이 어디에 있든 간에 일이 이렇게 되어서야 나라가 온전하겠습니까. 이것은 단순한 소요사태가 아니고 계획적인 폭동이라고도 볼 수가 있습니다. 난동과 폭력으로 아무런 문제도 해결되지 않습니다

5월 23일(금) 》》》》

영상 QR_23일 상황

도청에 사망자 명단이 게시됐고
신원이 불확실한 시신은
사진을 붙이거나 특징을 적어서
연고자를 찾았다

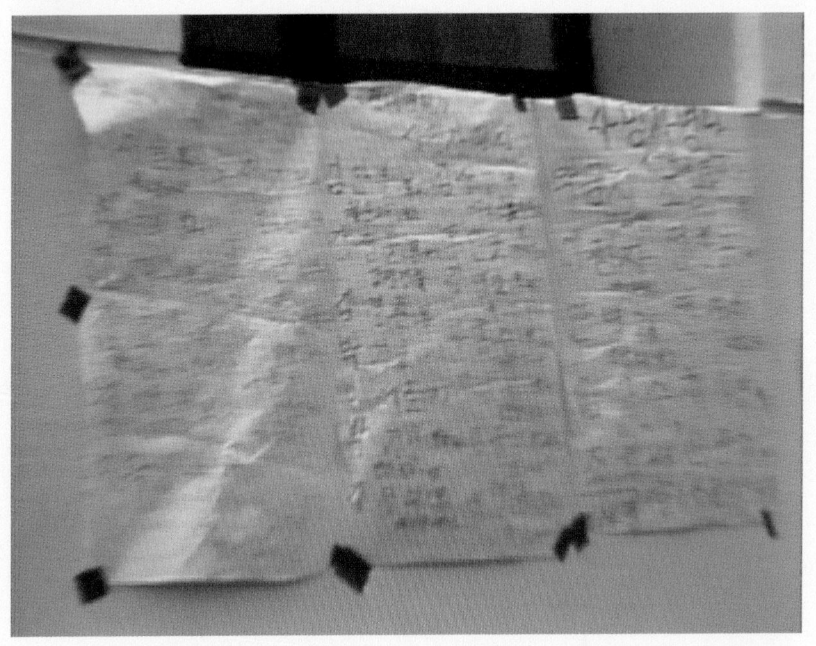

촬영/방송: 독일 NDR, 방송 일자: 1980년 9월 7일, 제목: *Südkorea am Scheideweg*, 기자: *Jürgen Hinzpeter*

가족들이 접수한 행방불명자 명단을
여러 병원의 입원 환자와 사망자 명단과
대조하는 일이 시작됐다

도청에 남성의 시신만 안치되어 있던 이 시각, 헛된 발걸음을 줄이려 시신의 성별을 안내하는 도청 앞 위원들

(수습위원) 오지 마세요. 여자는 한 명도 없으니까
(시신) 네 구 다 남자. 스무 살 다 이상.
그것에 미달된 사람들은 나와주세요.

도청에 안치되어 있는 사망자를
확인하려는 사람들에게 한 사람씩
신분증을 대조한 후 시신을 보여줬다

대패질도 채 되지 않은 관에 임시 안치된 시신
관을 하나하나 들여다보며 신원을 확인하는 사람들

(VO)이 안으로 민간인들 못 들어오게 막으세요

도청에 안치되어 있던 대부분의 시신은
형상을 제대로 알아볼 수 없을 정도로
심하게 훼손돼 있는 경우가 많았다

관 뚜껑에 적힌 '공수부대들이 대검으로 죽여서 전대 뒷산에 고등학생 암매장'

21일 계엄군이 도청에서 나간 뒤 22일 아침부터 23일 저녁까지 도청 상황실에서 활동한 이재의는 당시 상황을 떠올렸다.

> 23일 아침 잠에서 깨어 보니 도청 안에 시신 10-20구가 있었어요.
> 시신의 처참한 모습에 내가 구토를 했던 기억이 납니다.
>
> -이재의 『죽음을 넘어 시대의 어둠을 넘어』 저자-

시신과 유가족들로 혼란한 경찰국 민원실 복도

복도에서 유족들이 서있는 곳은
우리가 흔히 말하는 경찰국 민원실 1층 복도예요.
-옛전남도청복원추진단 박현정 사무관-

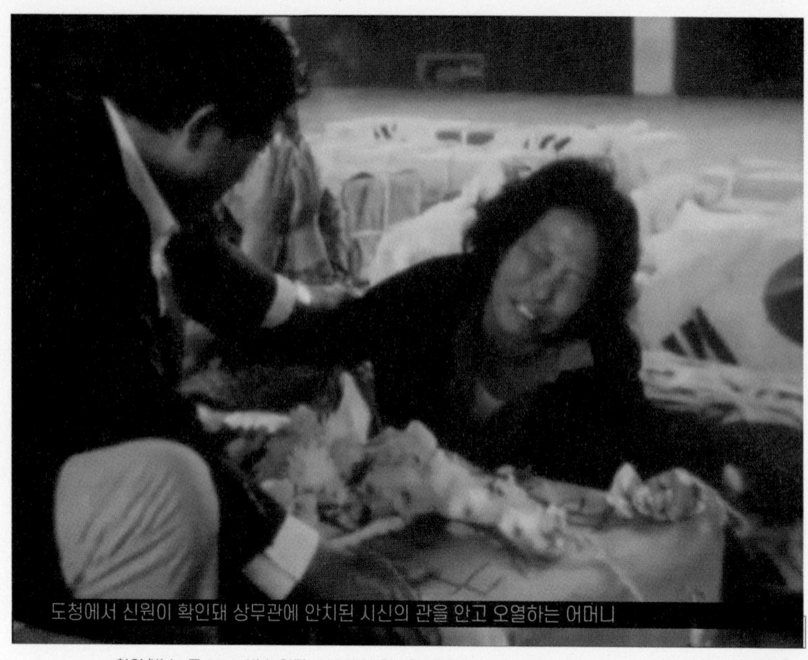
도청에서 신원이 확인돼 상무관에 안치된 시신의 관을 안고 오열하는 어머니

촬영/방송: 독 NDR, 방송 일자: 1980년 9월 7일, 제목: Südkorea am Scheideweg, 기자: Jürgen Hinzpeter

(유족) 엄마 왔지 엄마 왔어

(유족) 거룩한 죽음이 돼다오

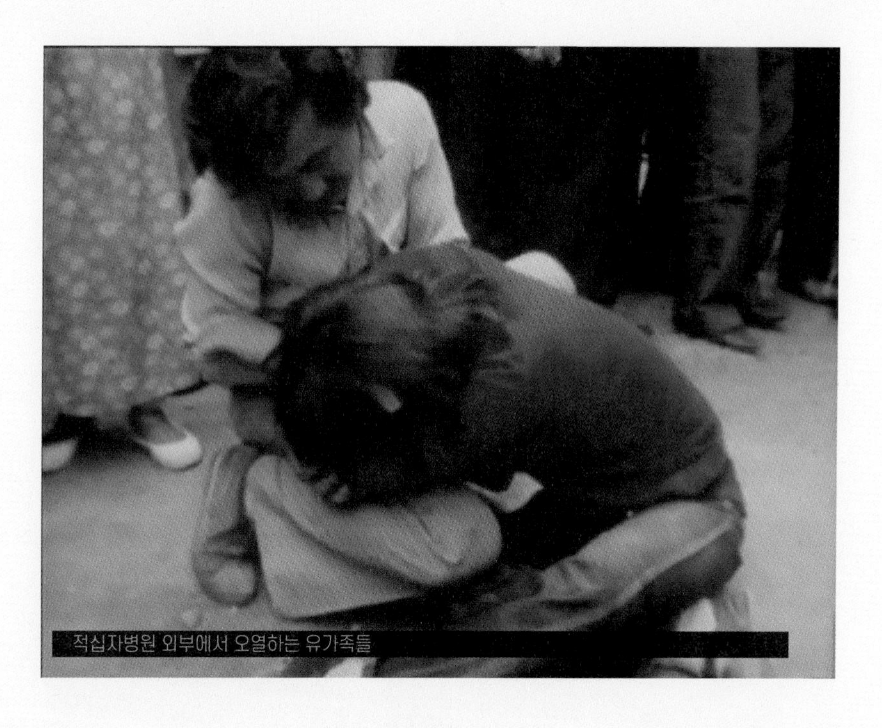
적십자병원 외부에서 오열하는 유가족들

(유족) 내가 원수를 갚을게 진짜
죽여버릴 거다

점점 더워지는 날씨에
시신이 상할 것을 걱정한 일부 유족은
장례를 치르기도 했다

촬영/방송: 미 CBS, 방송 일자: 1980년 5월 23, 제목: Student demos, 기자: Bruce Dunning

수습대책위가 만들어져
계엄군과 협상을 시작했다

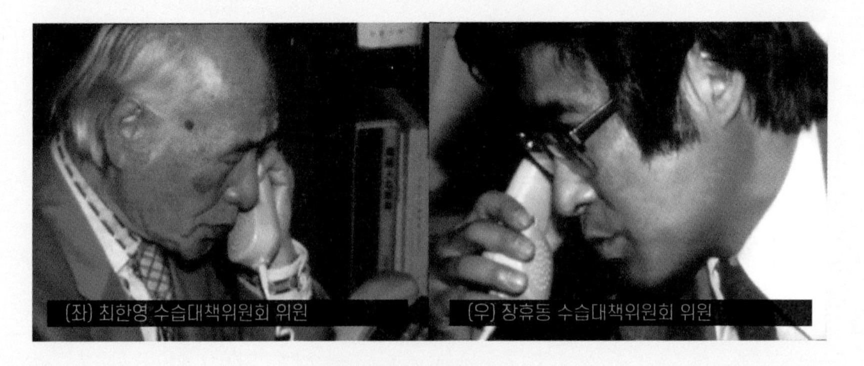

최한영/ 수습대책위원회 위원장
지금 수집하는 것은 말이야
(무기들을) 수집을 해 놨는데
(회수된 무기를) 출고한다는 것은 말이네
다른 데로 옮긴다는 것은 말이야
상당히 문제가 복잡합니다
그것을 알아야 합니다

장휴동/수습대책위원회 위원
요구 사항이 있으면 이리 전화 주십시오

계엄군은 무조건적인 무기반납을
요구했다

촬영/방송: 독 NDR, 방송 일자: 1980년 9월 7일, 제목: Südkorea am Scheideweg, 기자: Jürgen Hinzpeter

자체적인 무기회수 작업이
본격적으로 시작됐다
그러나 일부에서는
무기회수는 곧 항복이라며
반발하기도 했다

촬영/방송: 독 NDR, 방송 일자: 1980년 9월 7일, 제목: Südkorea am Scheideweg, 기자: Jürgen Hinzpeter

이 운동은 희생을 억제하며 지속되어야 합니다. 대학생, 고교생, 예비군. 그리고 민주화의 성취를 열망하는 시민 여러분. 여기서 우리가 방관만 하고 자기 하나의 목숨, 자기 가족의 안전만을 도모한다면 광주는 다시는 회복할 수 없는 자멸을 초래하게 될 것이며 조국의 민주화는 달성될 수도 없습니다.
도청 내에 설치된 대학생대표자회의에 신뢰를 바라오며 대학생 여러분의 적극적인 성원과 적극적이고 자발적인 참여를 바라고 바랍니다

시민 여러분. 순서에는 없었지만 세 아들을 잃고 통곡하고 있는 한 어머니의 음성을 들어보겠습니다

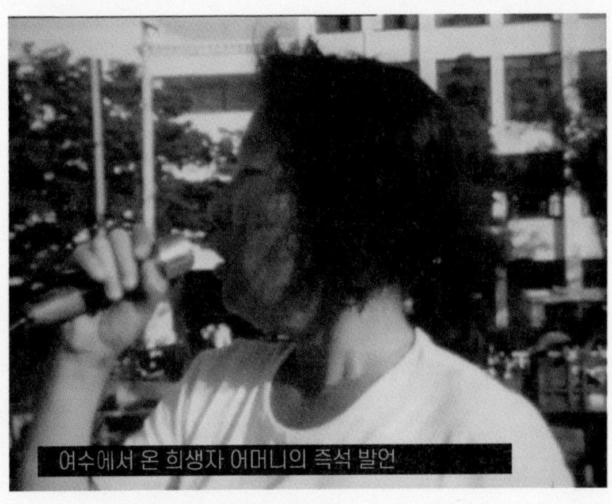

여기 우리는 무서우니까 피할 거라고 했는데요. 우리 광주시민은 피하지 않았습니다. 안 그렇습니까. 우리 광주시민은 피하지 않고요.

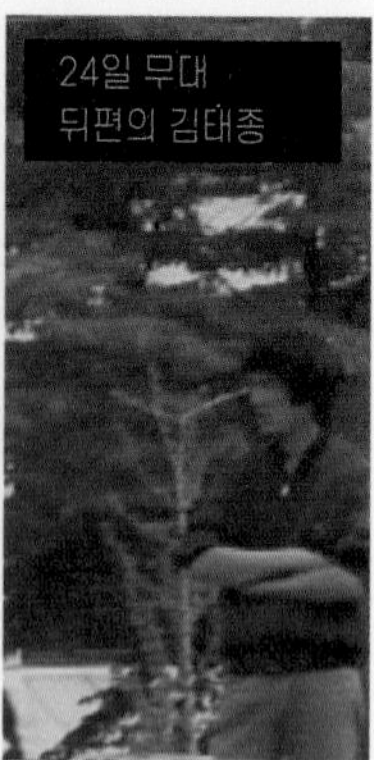

제작진은 23일과 24일 김태종이 입은 옷을 통해 영상이 촬영된 날짜를 특정할 수 있었다.

제가 입고 있는 옷을 보면 당시 날짜를 알 수 있어요.
23일에 어두운 갈색 셔츠를, 24일에는 남색 잠바를 입었어요.

- 김태종 당시 전남대생, 극회 광대-

광주는 외부와 철저히 단절됐다

사남터널(호남고속도로 장성-광주 경계지점)과 연결된 도로에서 시민을 검문하는 군인

(군인) 어디 가십니까? 군대 안 갔다 오셨네요?
(시민) 방위 했습니다.

생필품 반입도
쉽지 않은 상황이었다

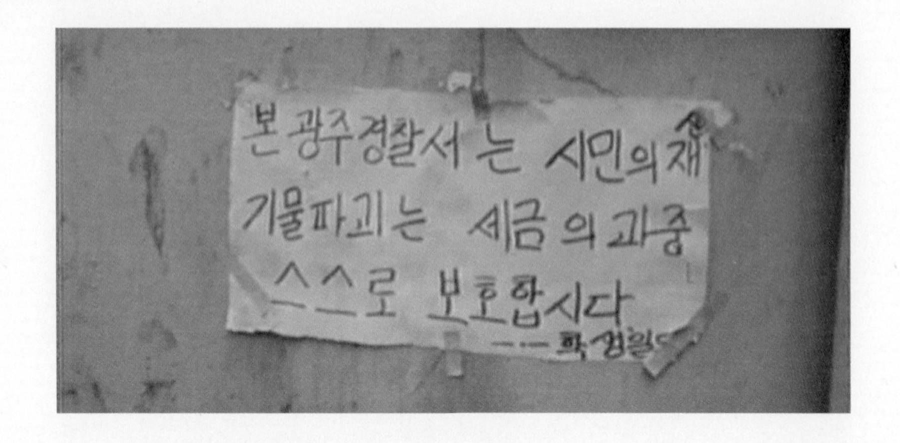

행정과 치안 기능이 중지된 상황에서도
시내는 질서를 회복해갔다
부족한 생필품을 나눠 쓰고
절약하는 모습이었다

촬영/방송: 독 NDR, 방송 일자: 1980년 9월 7일, 제목: Südkorea am Scheideweg, 기자: Jürgen Hinzpeter

일상의 모습도 돌아왔다
시장과 상점들이 문을 열었다
채소가 시내에 공급되고
사람들은 과일과 음식물을 사고 팔았다

제일 처음 도로폭이 시작되는 위치가 돌고개 쪽에서
양동으로 빠지는 곳인 것으로 보아 양동시장이에요.
-김태종 당시 전남대생, 극회 광대-

시민군이 밥을 나눠먹고 있다

시민들이 자발적으로
밥을 지어 시민군에게 제공했다

영상 QR_24일 상황

정보가 차단된 상태에서
시민들은 도청 앞으로 모여들었다

시민군은 자체적으로 상황실,
기동순찰대, 무기회수반, 치안질서반,
시신관리반 등을 운영하며
체계를 갖추어 나갔다

시신이 계속 들어오는 도청 상황

촬영: 미 ABC

상무관 앞은 분향하려는 시민들로
줄이 길게 이어졌다

상무관에 안치된 시신들

촬영/방송: 미 CBS, 방송 일자: 1980년 5월 25일, 제목:Kwangju waits, 기자: Peter Collins

상무관 임시 안치소에서 재를 지내는 스님들

임시 시신 안치소에는 싸움에서 희생된 약 49구의 시신이 묻히기를 기다리고 있다. 희생자들의 친척들이 있는 자리에서 스님들이 재를 지낸다. 감정이 고조될 대로 고조된 상황에서 정부는 기회를 기다리는 것으로 보인다

-미 CBS 보도-

5월 19일 방송 종료 후 비아송신소로 옮겨진 KBS 라디오 방송국

더 이상 주저 마시고 무기와 탄약을 가지고 무기를 본인이 직접 가지고 오는 경우 과거는 일체 불문에 부칠 것임을 밝히는 바입니다.
-KBS 라디오 방송-

계엄군, 궐기대회 무산시키려 전기를 끊고 도청 안 앰프 시설 사용할 수 없게 만듦
시민들, 차량에서 배터리를 떼어다 앰프 전원으로 사용

여러분 우리는 지금 이 상황에서 모든 걸 만족하는 그런 상태를 바라서는 안 됩니다. 마이크가 들리지 않는 지점에 앉아계시는 분은 여기 마이크가 잘 들리는 지점이 많이 비어있어요. 그리 이동합시다.

대회가 진행되는 동안 스피커 소리가 끊기고,
도청에서는 앰프를 지원해주지 않았어요.
우리가 스쿨버스에서 (배터리를) 떼어다가 방송을 했는데
사람들이 안 들린다고 했어요.

-김태종 당시 전남대생, 극회 광대-

모든 잘못은 전두환 한 개인의 권력욕과 그것을 지켜주는 악랄한 계엄군에게 있는데도 모든 책임을 우리 80만 민주시민에게 몰아붙이고 있습니다. 아까도 말씀드렸지만 외곽지대에서 벌어지고 있는 만행도 저놈들의 소행입니다. 절대 총을 쏘지 않겠다고 하면서도 우리 학생과 시민들이 쏜 것처럼 하기 위해서 어젯밤에도 금호고 앞에서 공수부대를 투입하여 학생 둘과 할머니 한 분을 사살하여 끌고 가서 묻어버렸어요. 이와 같은 외곽에서의 만행은 저 악랄한 놈들이 민주투사와 민주시민을 교란시킬 목적으로 자행되고 있습니다. 우리는 반드시 승리합니다. 여러분 방송이나 텔레비전에 절대 속지 마세요. 우리의 광주에서 흘린 피는 그대로 흘려보낼 수가 없습니다. 우리 광주 시민은 기어이 이길 수 있는 민주역량을 가지고 있습니다. 바로 우리가 저쪽에다가 협조하고 투항하면 모두 끝장입니다. 우리가 못 이기면 우리는 끝장이에요. 이 사실 맞죠?

저들이 야심을 버리지 않는 한 앞으로도 쉬지 않고 그럴 것입니다. 진정한 민주사회가 건설되기를 열망하는 국민 여러분. 우리는 우리 광주 시민들은 최후의 1인까지 싸울 것입니다. 이 성전에 여러분 함께 동참하여 주십시오. 그리하여 언젠가는 역사의 심판이 내려질 때 우리는 정말 떳떳하게 싸웠다고 자신 있게 말할 수 있을 것입니다.

이상의 요구가 관철될 때까지 우리는 끝까지 투쟁한다.

> 당시에 원고가 있었어요. 한 구절 한 구절 읽으면서
> 얼마나 간절했겠어요. 얼마나.
>
> -김태종 당시 전남대 학생, 극회 광대-

(현장음)

지금부터 민족 역적 살인마

전두환에 대한 화형식을 거행하겠습니다.

영상 QR_25일 상황

무조건적인 무기 반납은
계엄군에 대한 항복과 패배를
의미하는 것이라는 반대 속에서도
무기 회수는 계속됐다

영상 소장: KBS

5월 25일(일) 》》》》

오후 3시 시작된 3차 궐기대회의
열기는 여전히 뜨거웠다

촬영/방송: 미 CBS, 방송 일자: 1980년 5월 26일, 제목: Kwangju, 기자: Peter Collins

(시민들)
광주시민 합세하라
계엄 해제 계엄 해제

시민들은 간절한 기대를 안고
대통령의 방문을 기다렸다
그러나 이는 광주진압작전을
합리화하기 위한
모양새 갖추기에 불과했다

최규하 대통령
광주에 방문해 전남북계엄분소에서 광주 상황에 대해 보고받은 후 KBS 라디오와 텔레비전을 통해 광주지역에만 특별 담화 발표

그 원인이야 어쨌든 이러한 상태가 계속되어서야 되겠습니까. 이것이 오래 계속되면 누가 잘잘못이라는 것을 따질 겨를도 없이 우리 대한민국이라는 국가의 안위에 관련되는 중대 사태로 될 위험성마저 있는 것이 사실입니다.

영상 QR_26일 상황

새벽, 계엄군이 광주 외곽 봉쇄지역 세 군데에서 밀고 들어왔다

영상 촬영: KBS

계엄군의 이동 소식에 도청 안은
비상이 걸렸다

젊은이들의 희생을
더 이상 없게 하기 위해
몸으로라도 탱크를 막으러 가자는
김성용 신부의 제안으로
수습위원들은 함께 길을 나섰다

죽음의 행진
왼쪽부터 이영생 YMCA이사, 홍남순 변호사, 김갑제 홍남순 변호사 수행원, 장사남 교사, 윤영규 교사, 이성학 장로, 김천배 YMCA이사, 유인백 광주엠네스티 간사, 이종기 변호사, 김성용 신부, 조비오 신부, 장두석 신협이사, 성명미상, 이기홍 변호사, 조중환 정당인, 성명미상

촬영/방송: 미 ABC, 촬영 원본

도청에서 시작된 행진은
금남로를 지나 대치 지점인
농촌진흥원 앞까지 이어졌다

수습위원은 종교계 지도자들과
시민단체 관계자, 교사 등
각계각층을 대표했다

(좌) 김성용 신부, (우) 조비오 신부

이성학 장로, 김천배 YMCA이사, 유인백 광주엠네스티 간사, 이종기 변호사
이영생 YMCA이사, 홍남순 변호사, 김갑제 홍남순 변호사 수행원

계엄군의 무력진압을 막지 않으면
또 얼마나 많은 무고한 시민들이
피를 흘리고 희생당하게 될 것인지
알고 있는 절박함에서 나온 발걸음

죽음의 행진이었다

촬영/방송: 미 CBS, 방송 일자: 1980년 5월 26일, 제목: Kwangju, 기자: Peter Collins

약 4Km를 걸어가는 동안
길거리에서 지켜보던 시민들이
하나둘 씩 뒤따르기 시작했다

한 시간여가 지나
계엄군 앞에 도착했다

수습위원들은 그곳을 지키던
계엄군 장교에게 군대를 원래 위치로
되돌리라고 요구했다

계엄군 장교(좌)와 이야기하는 홍남순 변호사(우)

(군인) 나머지 몇 분은 들어가셔서
저희하고 얘기를 하고

계엄군이
군대를 원래 위치로 후퇴시켰다

탱크 머리를 돌리는 계엄군
도로를 가로막았던 철조망을 걷는 계엄군

몇 명의 수습위원들이
협상을 위해 상무대로 향했다

군을 원위치로 후퇴시키라고 하니까 군인들이 물러나기 직전 그 자리에서 철조망을 걷는 장면입니다.
농성동 철조망 너머에 505보안부대, 국군통합병원 등 주요 시설이 있어서 그곳에다 계엄군이 저지선을 쳤어요.

- 이재의 5.18재단 연구위원 -

상무대에 도착한 수습위는
계엄군 측과 4시간 넘게 회의를 했지만
이미 진압작전은 시작된 상황이었다

결국 협상은 실패했다

도청 진압작전이 기정사실화 됐다
도청에서 다시 수습위 회의가 열렸지만
예정된 비극을 막을 대책은 없었다

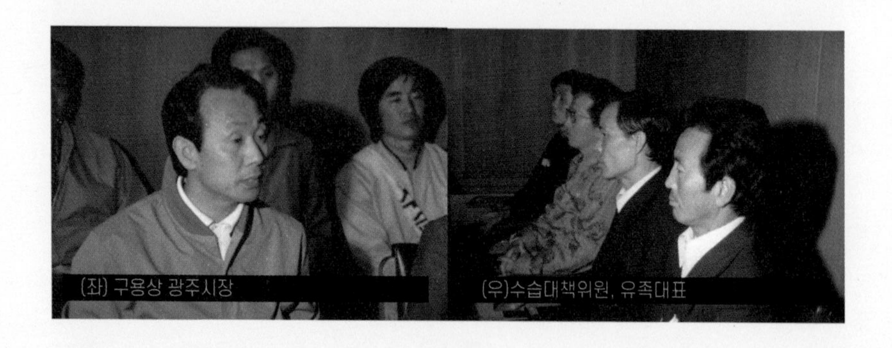
(좌) 구용상 광주시장
(우)수습대책위원, 유족대표

광주 시가지에 울려퍼진 대학생 수습위원회 가두방송

(박영순 가두방송)

친애하는 80만 광주시민 여러분. 지금까지의 합세에 진심으로 뜨거운 감사를 드립니다. 여기는 대학생 수습대책위원회 방송반입니다

옛전남도청복원추진단 박현정 사무관은 26일 가두방송을 박영순에게 직접 들려주고 본인이 맞는지 확인했다.

> 가두방송 목소리가 박영순 선생님 목소리 같아서
> 본인에게 들려줬더니 맞다고 하셨어요.
>
> -박현정 옛전남도청복원추진단 구술 채록 담당 사무관-

촬영/방송: 미 CBS, 방송 일자: 1980년 5월 27일, 제목: Kwangju is quiet, 기자: Peter Collins

공격은 새벽의 차가운 회색빛 가운데 시작되었다. 학생들이 저항하고 있는 도청 건물로 군대가 진입하면서 사격 소리가 일제히 지붕 위로 울렸다

-미 CBS 보도-

영상 QR_27일 상황

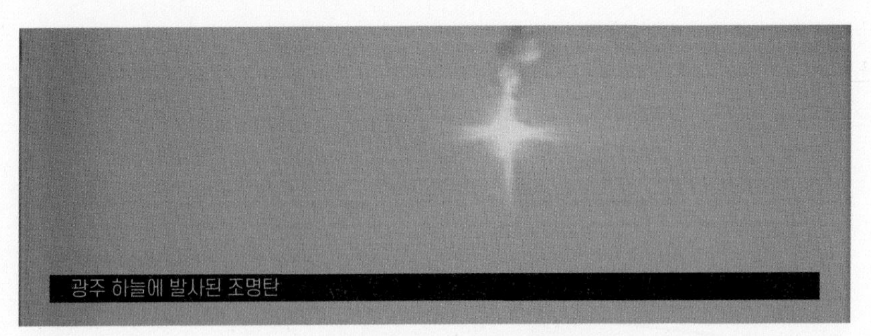

광주 하늘에 발사된 조명탄

촬영/방송: 미 NBC, 방송 일자: 1980년 5월 27일
제목: South Korean soldiers confront militants in Kwangju, 기자: Jim Upshaw

건물 위의 군인들

밤새 산발적으로 사격 소리가 울려 퍼진 후 공격은 새벽 4시 5분에 시작되었다. NBC 카메라는 군인들의 근거지에서 50야드(약 46m) 떨어진 비교적 안전한 호텔에서 이 장면을 찍었다. 날이 밝으면서 더 많은 군인들이 더 가까이 들어갔고 탱크가 진입하면서 발포와 수류탄 투척이 이루어졌다
-미 NBC 보도-

테리 앤더슨과 노먼 소프 외 몇 명의 외신 기자들이 당시 대도호텔에 투숙하고 있었습니다. 그들은 호텔 옥상과 유리창 너머로 공수부대가 도청을 진압하는 모습을 목격했습니다.
당시 대도호텔은 도청과 가장 가까웠기 때문에 외신기자들이 몰려들었습니다.

-이재의 『죽음을 넘어 시대의 어둠을 넘어』 저자-

결박된 시민군과 군인들

(군인1) 총 몇 번 쏴 봤나?

(시민군) 안 쏴 봤습니다

(라디오 방송)

폭도들의 아지트인 도청과 광주 공원도 완전히 진압됐습니다

(군인2) 그냥 막 머리 위로 총알이 막 날아가
(VO) 진압했던 거는
(군인2) 진압 대충 된 것 같아요. 다 점령했어요
조금만 있으면 양쪽 도로 차단하고 병력들이 다 들어온다고 우리가
(VO) 저 방송은 어디서 하는 겁니까?
(군인3) 비아송신소에서 하는 KBS

대화를 나누고 있는 계엄군(좌)과 전일방송 직원(우)

(군인2) 여기가 전일방송 자리예요
전일방송에 있다고 해서 이 새끼들 분명히 여기 있겠다
(직원) 여기가 전일방송. 여기가 방송실이에요
(VO) 학생들 저기서 많이 죽겠어

시민군 중 일부는 전일방송 관리자로 위장돼 체포를 면함

(군인들간의 대화 추정)

(VO) 오 중사 끝나고 인원 몇 명 얘기해 줘

(군인A) 여기 다섯이죠? 다섯 되나요?

(군인B) 요놈들 묶은 놈 네 명하고

(VO) 관리자는 몇 명이야?

(VO) 한 너덧 명

(VO) 관리자만, (밑에) 묶여 있는 놈은 말고 관리하는 사람만 몇 명이냐고

(VO) 관리자가?

(VO) 6명. 관리자 6명하고 협조 12명인가?

(VO) 11명. 아니 12명

27일 새벽 전일방송을 지키고 있던 엔지니어 오문경은 군인들이 진입하기 전 전일빌딩 내에 있던 몇 명의 시민군에게 무기를 모두 버리고, 전일방송으로 올라오라고 한다. 이후 군인들이 진입하자 이들이 함께 방송국을 지키고 있는 관리자라고 위장시켜 군인들에게 체포되는 것을 막았다.

- 국내취재기【전일빌딩】 -

(직원) 충분히 잡을 수 있는 힘이 있으니까
(군인1) 안 돼요. 우리 마음대로 할 수 있는 게 아니고
우리가 마음대로 못 해요. 이거. 보고를 해야 된다고

(촬영자 VO) 밖에 총알 날아와. 조심해

시민들이 회수해온 무기들이 보관돼 있던 전일빌딩 지하 이발관

22일 이후 전일방송에 무기를 들고 들어왔던 시민 7~8명을 설득해
비무장으로 방송시설을 함께 지키자고 했습니다.
전일빌딩에 주야로 머물며 건물에 무기를 들고 들어오는 시민을 설득해
지하 이발관에다 총기를 모아뒀습니다.

-오문경 전일방송 기술팀 엔지니어-

(촬영자와 군인 대화로 추정)

(VO) MBC 다 탔죠? 방송국이 몇 개 탔어요?

(VO) MBC, KBS

(VO) 계단으로 옥상으로 먼저 올라갔어요. 저거 때문에. 우리가 그 바람에.

(VO) 그래서 여기다 그냥 딥다 갈겨댔구나

(VO) 우리가 막 올라가면서 그냥 갈겨 버렸어요

(군인1) 창문에는 없지?

(군인2) 제일 위에

(군인3) 이쪽에서 이쪽으로

(군인4) 이 안에도 있다는데요

사망한 시민군

사망한 윤상원 대변인

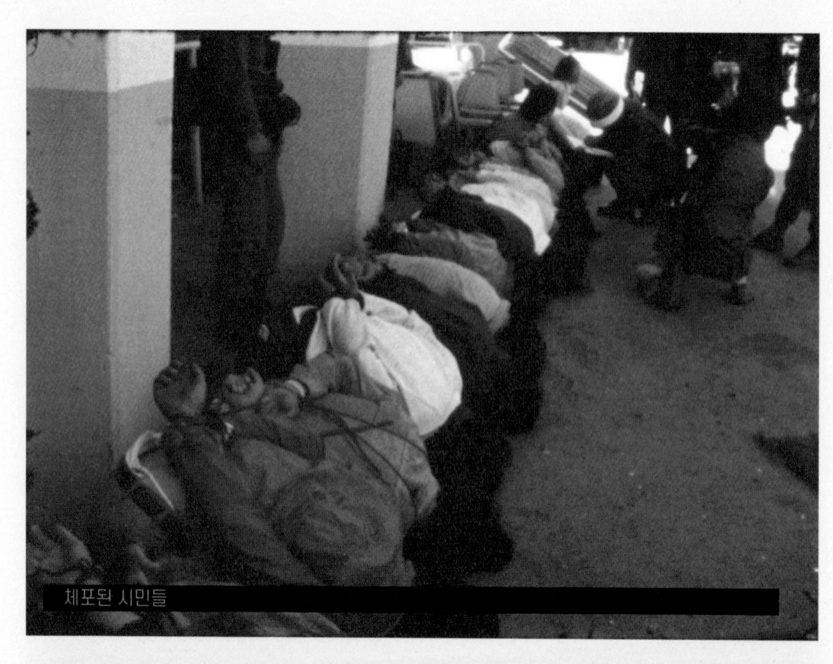

체포된 시민들

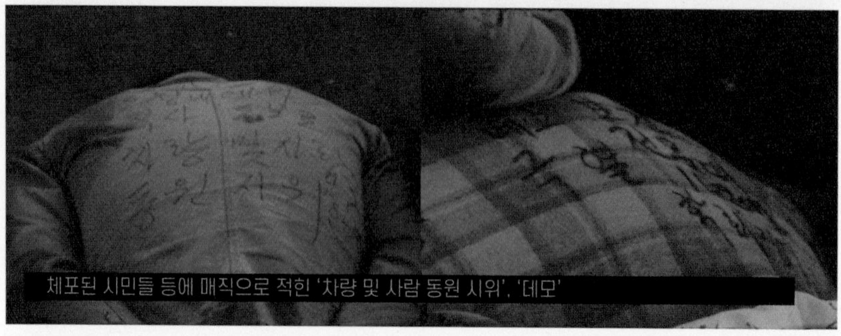

체포된 시민들 등에 매직으로 적힌 '차량 및 사람 동원 시위', '데모'

체포돼 연행되는 시민군

(군인) 기자님들 손 맞은 거 안 나오도록 촬영 좀 해 주세요
손에 실탄 맞은 거.
때리지 마라. 때리지 마라. 옆에서 사진 찍고 있잖아

YWCA에서 체포된 사람들이 포승줄에 묶여 연행되고 있음

(군인) 고개 숙여. 고개 숙여
　　　고개 숙여

(군인2) 때리지 마. 때리지 마

(군인3) 빨리빨리 타. 이 자식들아

대도호텔 건너편에 위치해있던 음식점 '고궁'의 간판이 보입니다.
공수부대 병력이 외신기자들이 머물면서 도청 진압작전을 촬영했던 대도호텔 근처, 도청 주위 골목과 건물에 시민군이 숨어 있는지 수색하는 모습입니다.
-이재의 5·18재단 연구위원 -

도청 진압작전을 마친 3공수병력, 철수하기 위해 총기 점검 및 인원 파악

(군인1) 격발. 다시 확인

(군인B) 11여단 안 타고 그냥 있습니다

(군인C) 인원 파악 빨리 하라고 해

(군인D) 저격수

공수부대 군가 제창하는 계엄군

우리와 누가 맞서랴
하늘로 뛰어 솟아 구름을 찬다
검은 베레 가는 곳에 자유가 있다
삼천리 금수강산 길이 지킨다
안 되면 되게 하라 특전부대 용사들
아아 검은 베레 무적의 사나이

공수부대가 떠난 자리를 넘겨받은 20사단

장형태 전남도지사(우)와 만난 20사단 연대장 김동진 대령(좌)

(김동진 대령/20사단 연대장) 우리 양민들 다친 사람은 없고요?

(장형태/전라남도지사) 예.예.

(김동진 대령/20사단 연대장) 다행입니다.

진압 당시 외신과 인터뷰하는 김동진 대령(20사단 연대장)

(김동진) 제가 아는 한 작전 중에 단 한 명의 시민 사상자도 발생하지 않았습니다. 그리고 그 반역자들에 대해서는 전 그들을 반역자들이라 부르는데 저희는 그들의 다리를 조준하려고 했습니다

(기자) 다리를 쏜다고요?

(김동진) 네. 그렇게 하면 그들의 목숨도 구할 수 있으니까요. 그렇게 노력했어도 보시다시피 몇몇의 사상자가 생기긴 했고요

(기자) 저항이 극심했나요?

(김동진) 네. 맞습니다. 격렬한 전투가 있었습니다

(기자) 맞사격을 했나요?

(김동진) 그들이 먼저 쐈습니다

(기자) 그들이 먼저 쐈다고요? 군대에 얼마나 많은 사상자가 발생했나요?

(김동진) 제가 아는 선에서는. (옆 사람에게 질문)몇 명 죽었어? 지금 제가 아는 한. 사망자가 몇 명 되는데

(기자) 군인 중에 몇몇을 잃었다는 거죠?

(김동진) 네. 그리고 또 몇 명이 다쳤고요

(기자) 몇 명이나 체포되었습니까?

(김동진) 몇 명이 있냐면. 체포된 사람들은 버스에 있습니다

버스에 탑승한 체포된 시민군들. 시민수습위원으로 5월 26일 밤 유일하게 젊은 시민군들과 함께 도청을 지켰던 이종기 변호사(맨 앞)가 연행되고 있다.

버스 안 시민군(이동춘)에 안겨 있는 아이

옛전남도청복원추진단 박현정 사무관은 영상 속 아이를 보고 놀란 마음을 감추지 못했다. 박 사무관은 도청에서 연행된 조선대 학생이었던 이동춘의 구술을 직접 받았는데, 그 내용 중 연행 당시 아이가 있었다는 증언을 들었다.

27일 연행된 이동춘 선생님 말에 따르면
새벽에 도지사실에서 함께 연행된 고등학생에게 아이를 넘겨받았다고 합니다.
3~4살쯤 돼 보이는 남자 아이를 안고 상무대까지 연행됐는데
이후 신원조사를 받고 영창으로 들어가면서 헤어진 거예요.
당시 도청에 아이가 있을 수 없고 가능하지도 않은 이야기라
세월이 지나면서 이동춘 선생님 본인도 헛것을 본 게 아닐까 생각했는데
이 영상에 아이가 있어서 기절초풍한 거죠.

-박현정 옛전남도청복원추진단 구술 채록 담당 사무관-

좌) 소준열 소장 우) 김동진 대령

(김동진) 몇 가지 물어보면 사령관님 입장에서 말씀을 하시는 것이

(소준열/전남북 계엄분소장)

내가 얘기할 거는 특별한 거는 없고 이렇게 얘기해줘요. 계엄군이 말이야. 오늘 불가피하게 들어오게 되지 않으면 안 될 당위성은 말이야. 오늘 아침에 성명을 통해서…

(군 방송)

시민 여러분 군은 폭도를 소탕하기 위해 시내에 진주하였습니다

시민은 거리로 나오지 마십시오

문을 꼭 닫으시고 집 안에 계십시오

시내의 주요한 시설은 군이 장악하였습니다

PART
03

다큐 인사이트

국내 취재기

오월의 기록

【전일빌딩】

김희은
KBS 다큐 인사이트 <오월의 기록> 취재작가

전남도청, YMCA 등의 건물과 함께 5·18민주화운동의 중심지였던 금남로의 전일빌딩은 광주의 5월을 가장 가까이에서 지켜봐 왔다. 현재까지 빌딩 외벽과 실내를 포함해 총 281개의 탄흔이 발견됐으며, 전일방송이 있던 10층에서 발견된 총탄 흔적 중 일부는 5·18민주화운동 당시 헬기 사격이 있었음을 증명하고 있다.

ABC 방송국 촬영 추정 영상

KBS가 소장하고 있던 5·18민주화운동 영상에는 당시 미 ABC가 5월 27일 전일빌딩 내 전일방송에서 촬영한 것으로 추정되는 자료가 있었다. 그동안 5·18민주화운동과 관련된 여러 방송에서 한 번도 본 적 없는 영상이었다.

한 건물의 사무실 앞 복도. 체육복을 입은 네 사람이 손발이 묶인 채 바닥에 엎드려 있다. 이들과 달리 묶인 곳이 없는 정장 차림의 한 남자는 복도에 나와 있고 그 앞을 군인 여러 명이 왔다 갔다 하고 있다. 사무실 안에는 얼핏 보아도 제법 많은 인원의 사람들이 들어가 있으며 바닥에 엎드린 이들과 달리 움직임이 자유로운 것을 볼 수 있다.

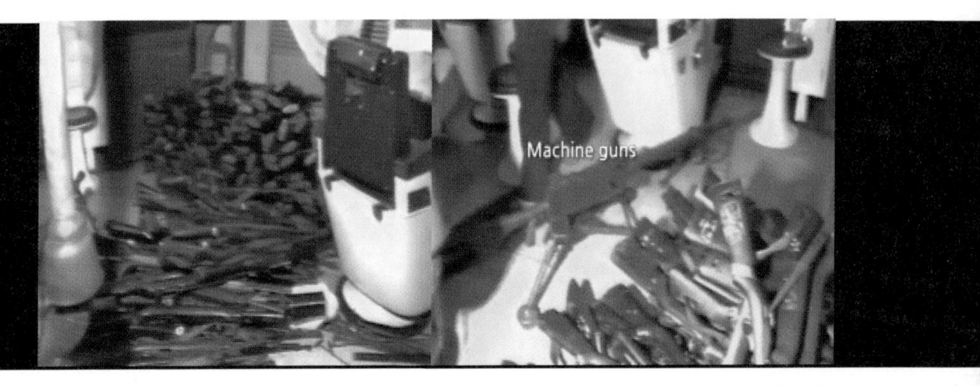

ABC 방송국 촬영 추정 영상

카메라는 이들이 있던 공간에서 한 차례 이동해 거울과 의자 등 이발을 위한 시설이 있는 곳을 비춘다. 의자 옆으로 회수된 총기들이 잔뜩 쌓여 있고 기관총과 더플백 등이 보인다. 군인으로 추정되는 한 남자는 기관총을 보며 "계단으로. 옥상으로 먼저 올라갔어요. 저거 때문에.", "우리가 막 올라가면서 그냥 갈겨 버렸어요."라고 말한다.

27일 새벽 계엄군은 'LMG(Light Machine Gun, 경기관총)'가 전일빌딩 옥상에 설치돼 있다는 첩보를 듣고 전일빌딩 진압에 나선 바 있다. 11공수여단 전투상보에 따르면, 첩보와는 달리 시민군의 저항이 없었으며 계엄군은 큰 충돌 없이 전일빌딩 진압에 성공한다. 당시 전일빌딩 입구에서 연행된 한 시민군의 증언이 있긴 하나 아직까지 구체적으로 27일 전일빌딩 내부에서 일어난 상황은 알려지지 않았다.

또 27일 새벽 전일방송에는 11공수여단 군인들과 오문경, 청원경찰 문정환과 전일빌딩에서 총기 회수를 돕던 시민들 그리고 당일 새벽 군인들이 진입하기 전 숨어 들어온 학생들과 진입 후 다른 층에서 잡혀 온 학생들이 있었던 것으로 보인다. 당시 오문경은 군인들에게 전일빌딩에서 총기를 회수하고 있던 이들과 숨어들어온 학생들 중 직원으로 보일 만한 이들을 건물을 지키는 '관리자'로, 나머지를 '협조' 인원이라 속였다. 때문에 새벽 군인들이 진입하기 전 전일방송에 있던 이들은 바닥에 엎드린 이들과는 달리 결박 당하거나 연행되지는 않았던 것으로 보인다. 군인들은 다른 층에서 잡혀 온 이들과 오문경을 제외하고는 전부 청경실 안에 들어가 있도록 지시했다. 방송국 직원이었던 오문경은 비교적 이동이 자유로웠기에 복도에 나와 군인들과 간단한 대화를 나눌 수 있었다. 영상에서도 무전기에 딸린 수화기로 상황을 보고하는 군인은 전일방송 내 인원을 세 그룹(협조, 관리자, 다른 층에서 체포된 인원)으로 나눠 보고하는 것을 볼 수 있다.

이발관 영상의 경우, 당시 영상을 촬영하고 있던 기자 혹은 현장에 있던 군인 추정 남자를 찾을 수 없었기 때문에 누구인지 밝힐 수 없었다. 때문에 "계단으로. 옥상으로 먼저 올라갔어요. 저거 때문에.", "우리가 막 올라가면서 그냥 갈겨 버렸어요."라는 대화 역시 어떤 상황을 말하고 있는 지 알 수 없었다. 하지만 지하 이발관에 보관된 LMG가 누구에 의해 회수된 것이며, 건물 내부에서 총기 회수를 하게 된 배경은 파악할 수 있었다. 이 외에도 취재를 통해 27일 이전 전일빌딩 내부 상황과 전일방송 구조, 27일 진압 이후 상황 등에 관해 알 수 있었다.

취재에 앞서 영상에서 파악한 단서는 두 가지였다. 첫 번째는 1980년 5월 27일 촬영됐다는 것, 두 번째는 촬영 장소가 전일빌딩에 위치한 전일방송에서 촬영됐을 가능성이 높다는 것이다. 우선 전일방송 재직자들을 만나보기로 했다. 취재를 위해 접촉한 전일방송 재직자는 총 세 그룹이다. 첫 번째는 **천길홍 엔지니어와 최경천 아나운서, 오영윤 엔지니어, 이기종 당시 전남일보 총무부 직원**이다. 전일방송 청경으로 근무했던 **진태연, 문정환** 씨와는 전화 인터뷰를 가졌다. 세 번째로는 5월 21일~27일 실제로 전일방송에 근무하고 있었던 **엔지니어 오문경** 씨를 만났다.

당시 엘리베이터를 타고 내리면 수위실 같은 것이 있었던 것 같아요. 그리고 나중에 TV방송이 들어오면 쓰려고(당시 전일방송은 라디오 방송만 송출) 9, 10층은 비어있는 공간으로 남겨뒀어요. 수위실에서 우측으로 가면 공개홀, 그 쪽으로 가는 길에 방송실, 주조정실 등이 있었어요.

- 천길홍 엔지니어 -

제작진이 가장 우선순위를 두고 조사했던 것은 전일빌딩 내부 구조였다. 확보한 영상이 전일방송의 어떤 위치에서 일어난 것인지 파악해야 시청자들 또한 그 날의 정확한 상황을 재구성할 수 있기 때문이다. 세 그룹은 각각 전일방송의 구조를 증언했다.

네 사람은 당시 전일방송에서 주로 사용하던 층에는 입구, 수위실, 청경실, 총무부, 기술부, 보도부, 주조정실, 공개홀 등이 있었다고 입을 모았다.

전일방송 공개홀(현재 모습)

인터뷰이들은 당시 전일방송에는 영화관 형태의 공개홀이 있었는데, 공개홀 무대 바닥이 있는 곳이 전일방송 입구가 있는 층이라고 했다. 현재도 전일빌딩에는 예전 자리 그대로 공개홀이 남아있어, 당시 전일방송의 입구는 8층이었던 것으로 확인된다.

미 ABC 촬영(추정) 영상 속 전일방송 장소

영상에 나온 장소를 보면, 복도 옆 사무실 문 위로 글자가 쓰인 푯말이 있다. 하지만 글자가 선명하지 않아 정확한 이름은 알 수 없었다. 네 사람에게 확인을 요청했지만 모두 해당 장소가 청경실, 혹은 수위실은 아닌 것 같다고 답했다. 영상 화질이 선명하지 않아 등장하는 사람들이 누구인지도 알아보기 힘들었다.

네 사람은 전일방송의 청원경찰이었던 문정환 씨가 5월 27일 새벽, 전일방송국에 있었던 것을 기억하고 있었다. 문정환 본인에게 확인해보아야 했다. 그는 당시 전일방송에 본인과 함께 시민들 몇 명이 같이 있었으며 "전일방송이 중요기관이니 그곳을 지키기 위해 들어와 있던 사람들"이라 말했다. 그는 엘리베이터 앞에 있던 청경실을 기억하고 있었다.

> 우리더러 방에 들어가 있도록 군인들이 지시 했어. 안에서 바깥을 내다보려고 하면 못 보게 했다고. 창문이 하나 있었는데 우리(함께 있던 시민들)가 밖에 무슨 일이 일어나는지 궁금해서 커튼 같은 것을 들춰보니까 군인들이 총을 쏘려고 했어.

영상에 나오는 사무실 역시 커다란 창문이 있으며, 그 안으로 여러 명의 모습이 보인다. 문정환 씨가 기억하는 상황이 청경실 앞에서 벌어졌을지도 모른다는 생각에 방 앞에서 체포돼 엎드려 있던 시민군에 대해 기억하는지 물었으나 기억하지 못했다. 그는 27일 새벽 전일방송 직원이었던 오문경 엔지니어가 함께 있었다고 증언했다.

기술팀 직원으로 근무했던 **오문경** 엔지니어를 만나 당시 상황에 대해 들을 수 있었다. 당시 28세의 오문경은 20일 아침 퇴근 후, 광주 MBC와 KBS가 불에 탄다는 소식을 듣고 다시 방송국으로 돌아왔다. 내부를 둘러보니 직원들이 아무도 없고, 사무실은 텅 비어있었다. '누군가는 남아 유일하게 남은 방송국을 지켜야 한다'는 생각이 들었다. 당시 오문경은 결혼한지 17일 되는 새신랑이었다. 집에 다시 돌아와 가족들에게 상황을 설명했다. 형과 아내가 "개죽음이 되니 나가지 말라"라며 그를 말렸다. 그동안 금남로 한복판에서 일어나는 일을 목격했기에 분노와 울분이 자꾸만 차 올랐다. 21

일 도청 앞에서 시민들에 대한 발포가 있었다는 소식이 들리자 오문경은 자신이라도 나서 시민들을 설득하고자 오후 늦게 방송국으로 향했다. 당시 전일스카우트(전남일보, 전일방송 자녀들을 대상으로 한 스카우트) 대장으로 있었던 그는 건물 내에서 만큼은 다치거나 죽는 사람이 없도록 돕기로 결심했다. 23일, 시민군 차를 타고 집으로 가 가족들에게 잠깐 얼굴을 비추고 온 것이 유일하게 그가 건물을 비운 때였다. 서둘러 속옷만 갈아입고 집을 나선 그는 다시 방송국으로 돌아와 27일까지 쪽잠을 자며 생활했다. 전일방송 직원이 아니었다면 본인 역시 시민군으로 활동하고 있을 상황이었다. 당시 신문사 사장의 부인이 "전일빌딩을 지키고 있는 것이 고맙다"며 죽을 만들어 보내주기도 했다. 김태식 총무국장이 자전거를 타고 김밥과 죽을 나르며 격려했다. 오문경이 방송국을 지키고 있던 중, "진실을 보도하지 않는다"며 시민들이 전일방송과 전남일보를 불태우려했던 때에도 그들을 끝까지 설득해 사고를 방지하기도 했다. 어린 시절 같이 보이스카웃으로 활동한 후배 김동수(전남 제20대횃불소년대)가 시민군으로 활동하고 있었기에 설득이 가능했다.

오문경에게도 전일방송 구조를 물었다. 그는 "당시 7층은 외부 건설업체에 임대를 내주던 공간이었다"라고 기억했다. 8층부터 10층까지는 전일방송에서 사용했다. 전일빌딩 8층에는 청경실, 숙직실, 주조정실, 기술부, 총무부, 보도부, 공개홀(8층~10층) 등이 있었고 9층에는 편성실, 아나운서실, 심의실, 공개홀이 10층은 공개홀 상층부와 옥상으로 가는 통로, 그리고 당시 전일스카우트(전일방송, 전남일보 자녀들을 대상으로 한 스카우트. 운영위원장 김태식, 대장 오문경) 집회장으로도 쓰인 전남일보 김남중 회장 기념패와 우승컵 등을 진열해 둔 공간이 있었다.

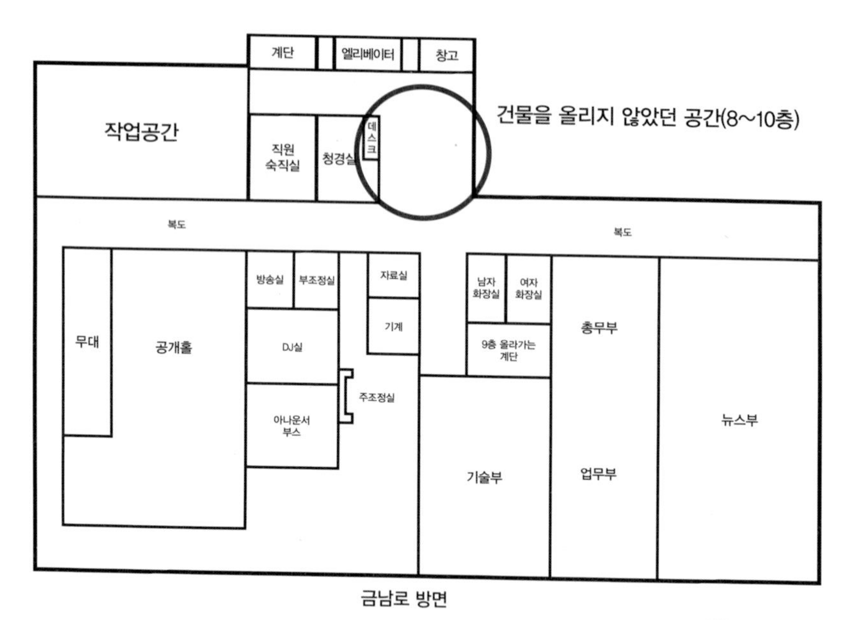

전일방송 8층 구조

오문경 씨는 당시 전일방송 8층 구조를 직접 그렸다. 영상 속에 등장하는 사무실 위치 역시 자세히 기억하고 있었다. 영상을 본 그는 해당 장소가 8층 전일방송 청경실 앞이며, 화면 속 안경 낀 남자가 본인임을 확인했다. (촬영장소 빨간색 원으로 표시)

27일 새벽, 전일방송에는 오문경과 전일방송 청원경찰 문정환, 22일 이후부터 오문경을 도와 전일빌딩에서 총기 회수를 돕던 시민 7~8명, 그리고 도청에서 마지막 가두방송이 들릴 때쯤 숨어 들어온 3~4명의 학생들이 있었다. 전날 군인들이 곧 시내로 진입할 것이라는 정보를 들었던 오문경은 전일빌딩에 남아 총기 회수를 돕던 시민들에게 "무기를 두고 전부 전일방송으로 올라오라"라고 했다. '함께 방송국을 지키고 있는 관리자'라고 속여 군인에게 잡혀가지 않도록 하기 위해서였다. 새벽에 들어온 학생들은 대학생처럼 보였는데, 이들 역시 총기 회수를 위해 협조하고 있는 인원으로 속일 생각이었다.

전일빌딩 8층에는 위층으로 올라가는 계단이 현재도 남아있다.
(당시 전일빌딩 9~10층은 엘리베이터가 없어 옥상은 계단을 통해서만 오갈 수 있었다.)

오문경은 영상에 대해서도 "미 ABC에서 영상을 촬영했다"라며 알아보았다. 새벽 3~4시 쯤이었을까. 계엄군의 공격이 시작되기 전, 8층 엘리베이터 옆에 있는 계단에서 누군가 셔터를 열어 달라며 문을 두드렸다. 셔터를 올리자 배터리를 들고있는 앳된 가이드(통역)와 미 ABC 방송사 직원으로 보이는 두 사람이 서있었다. 신분증을 요구하자 한 사람이 문화공보부에서 발행된 신분증을 제시했다. 학생(통역)이 옥상으로 가는 길을 물어 위험하다고 말렸으나 꼭 가겠다고 해 직접 길을 알려준 뒤 내려왔다. 이날 오문경과 군인 외 옥상으로 올라간 사람은 ABC 기자들과 학생(통역) 뿐이었다.

여성 시민군(박영순)이 마지막 방송을 한 직후, 군인들이 소리를 죽인 채 군용차를 타고 헤드라이트도 켜지 않은 채 금남로 쪽으로 진입하던 것도 기억했다. 그 모습을 ABC에서 촬영했을 수도 있다며 덧붙였다. 오전 4시쯤, 일시에 총 소리가 들려오기 시작했다. 전일빌딩 8층에서도 그 소리가 선명하게 들렸는데, 15분 정도가 지나자 군인 두 명이 먼저 총을 들고 8층으로 들어왔다. 장교 한 명에 저격수 한 사람이었는데, 이들은 총을 들고 창문 가를 돌아다니며 시민군이 있는지 수색을 하는 것 같았다. 이어서 1~2분이 지나자 20명 가량의 군인들이 우르르 들어와 수색을 한 뒤 금남로 방면 창문 앞에 쭉 둘러 섰다. 이들은 기둥 같은 곳에 몸을 은폐하고서 외곽을 겨눴다. 당시 전일방송의 깨진 창문들은 날아오는 총알에 깨지기도 했지만, 내부에서 군인들이 밖을 향해 겨누기 좋게 하려고 직접 깨기도 했다. 이후 몇 시인지 특정할 수는 없지만, 군인이 방송국 직원이었던 오문경에게 직접 방송국 내부 위치를 안내하라고 지시했다. 그와 함께 있던 나머지 사람들에게는 "숙직실이나 청경실 안에 들어가 있으라"고 하며 바깥 상황을 보지 못하도록 했다. 이 부분은 문정환 씨의 증언과도 상당부분 일치했다. 오문경의 증언을 기술한다.

"8층에서 ABC 방송사 직원들이랑 군인들이 마주쳤는데 군인들이 터치를 별로 못하더라고. 내 생각엔 군인들이 올라가서 기자들보고 내려가라고 한 것 같아. 군인들이 내려오고 얼마 있지 않아 그들이 장비를 들고 내려오는 걸로 봐서 말이야. 외신기자 한 사람은 문화공보부에서 인정해주는 신분증까지 갖고 있더라고. 그때 그들이 놓고 간 플래시램프를 내가 갖고 있었는데, 이사를 다니면서 없어졌어. 전일빌딩 그 영상이 옥상 갔다 내려오던 ABC가 찍은 거야. 위치가 그래."

오문경 씨는 방송국 내부를 안내하고 돌아오면서 군인들(장교와 저격수 역할을 하는 하사 등)이 어딘가에서 학생 몇 명을 잡아다 청경실 앞에 엎드리게 한 뒤, 케이블 타이 같은 것으로 손을 묶는 것을 목격했다. 영상 속 모습과도 일치하는 증언이었다.

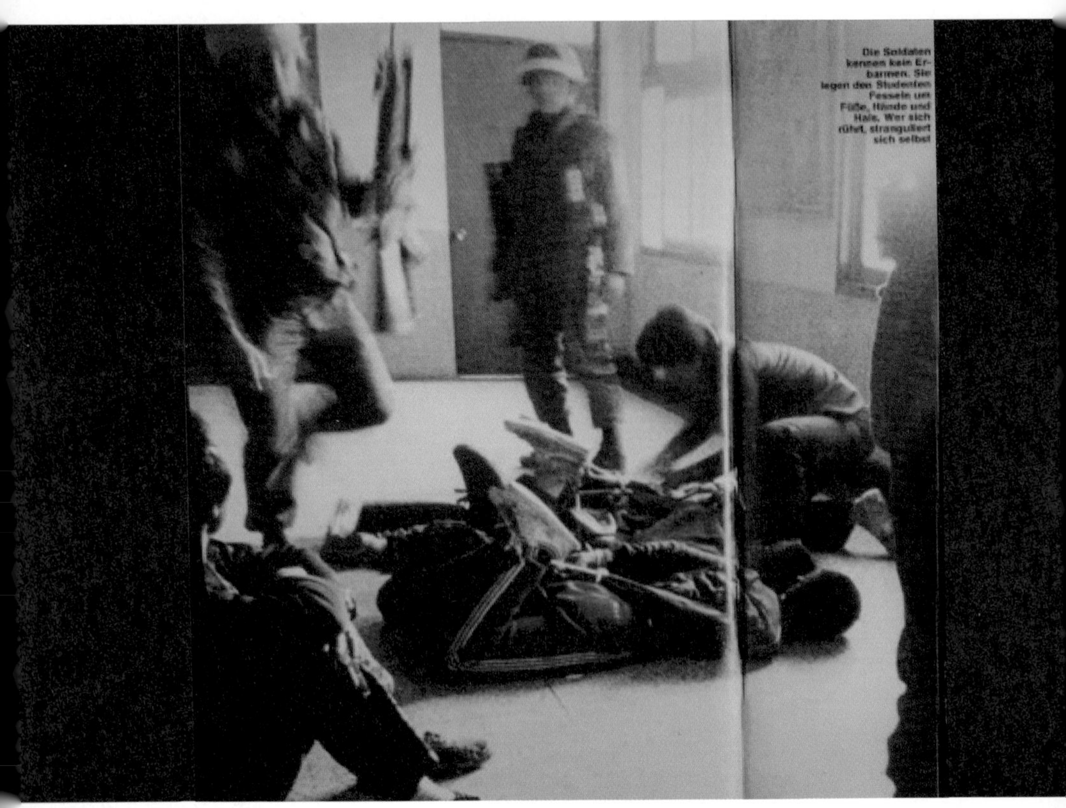

독일 QUICK지 26호 (1980.6.19.일자)

"남색 점퍼를 입고 나이가 조금 있어 보이는 키 작은 분은 문정환 씨 같고, 청경실 안쪽에는 전일빌딩에서 총기 회수하던 시민들이랑 새벽에 먼저 숨어들어온 학생들이 있었어."

오문경 씨가 보다 명확히 영상 속 장소와 상황을 기억하게 된 데는 5·18기념재단에 전시된 독일 QUICK지 26호 사진이 큰 역할을 했다.

영상이 화질이 흐리고 어두워 인물을 식별하기에 어려움이 있었기에 사진은 큰 도움이 됐다. 오문경 씨는 사진 속 장소가 전일방송 청경실 앞이 확실하다고 말했다. 당시 상황은 물론 청경실 반대편 벽에 오문경 씨가 직접 만든 전일방송 송출 전계 강도를 표시한 지형도가 큰 액자에 걸려 있었는데, 독일 잡지 사진에 그 액자가 보였던 것이다.

"묶여있던 애들은 8~10층(전일방송)에 있던 애들은 아니야. 1,2층에서 군인들이 진입을 하니까 어디 숨어 있다 잡혀 온 애들일 수도 있고. 7~8층 위로는 더 이상 잡히는 애들이 없으니까 군인들이 더 수색을 했겠지. 이때가 진압작전 있을 때보다는 더 밝았을 때 사진 같은데 그 애들이 잡혀온 뒤부터 엎드린 채로 계속 묶여 있었던 거야. 한참동안 턱이 바닥에 닿은 채로. 5명 정도 있었던 것 같아.

그는 전일빌딩에서 총기를 회수하고 있던 이들과 앞서 숨어 들어왔던 학생들 중 직원으로 보일 만한 이들을 '관리자'로, 나머지 인원을 '협조' 인원이라 속여 군인들에게 보고했다. 영상에서 무전기에 딸린 수화기로 상황을 보고하는 군인은 전일방송 내 인원을 세 그룹(협조, 관리자, 체포된 인원)으로 나눠 보고하고 있다.

(VO) 오 중사 끝나고 인원 몇 명 얘기해 줘
(군인A) 여기 다섯이죠? 다섯 되나요?
(군인B) 요놈들 묶은 놈 네 명하고
(VO) 관리자는 몇 명이야?
(VO) 한 너 덧명
(VO) 관리자만, (밑에) 묶여 있는 놈은 말고 관리하는 사람만 몇 명이냐고
(VO) 관리자가?
(VO) 6명. 관리자 6명하고 협조 12명인가?
(VO) 11명. 아니 12명

그는 독일 잡지 사진에 찍힌 상황에 대해서도 설명했다.

"군인들이 한 명만 너무 세게 묶어서 힘들어하기에 느슨하게 풀어주려고 했어. 그때 그게 케이블 타이 같은 끈이었는데 내가 손으로 느슨하게 해주려고 했더니 안 되더라고. 군인한테 해달라고 했더니 안 된다고 하면서 묶여있는 애를 발로 툭툭 차는 거야. 이후에 무전이 오니까 군인들이 묶인 채로 데리고 내려갔는데 그 후로는 어떻게 됐는지 모르겠어. 아마 그 애들은 다 살아있을 거야. 그때는 총 소리도 거의 안 나고 잠잠했을 때니까."

실제 영상에서도 군인들이 끈으로 체포된 학생들을 묶는 장면이 나온다. 그리고 이후 장면에서 문정환 씨는 학생들이 바닥에 엎드려는 모습을 보며, 군인들에게 "충분히 잡을 수 있는 힘이 있으니까"라며 그들을 풀어주면 안 되냐고 묻는다. 그러자 군인들은 "안 돼요. 우리 마음대로 할 수 있는 게 아니고. 이거 보고를 해야 된다고."라고 말한다. 오문경 씨도 이를 기억했다.

"묶여있는 애들 풀어주면 안 되냐고 했더니 군인들이 그 애들 더러 빨갱이 새끼들이라는 거야. 풀어주면 안 된다면서."

제작진이 전일빌딩에서 확인하고자 했던 장소는 전일방송뿐만이 아니었다. 제작진은 확보한 영상 중 매우 많은 수량의 총기가 보이고 미용실 의자와 거울이 붙어있는 공간을 찾았고 이를 처음엔 분장실로 추정했다.

전남일보 총무부 직원 이기종 씨는 당시 전일빌딩 지하 1층 우측(도청 방면)으로는 전남일보 기자들이 종종 인터뷰 등을 하기 위해 찾던 전일다방이 있었고, 그 옆에 바로 이발관이 있었던 것을 기억하고 있었다. 그는 영상 속 이발관이 전일빌딩 지하인지 특정하기는 어려우나, 상당 부분 일치하는 것을 확인했다.

오문경 씨에게 전일빌딩에서 이루어졌던 총기 회수에 관해 더 자세히 들을 수 있었다. 그는 직원들이 모두 떠난 텅 빈 방송국에 홀로 서서 적어도 건물 내에서 만큼은 사람이 죽지 않도록 돕기로 결심했다. "나로 인해 한 명이라도 더 살릴 수 있다면"이라는 마음으로 집을 나온 그였다. 밤에 잠깐씩 눈을 붙이러 8층 방송국으로 갈 때를 제외하고는 보통 1층 입구에 머물렀다. 21일 금남로에서의 집단 발포 이후부터는 건물 안으로 총기를 들고 들어오려는 사람들이 생겨났다. "무장한 군인을 상대로 총기를 든다면 더 위험해질 것"이라는 생각이 들었다. 거리에는 앳된 아이들 몇몇이 총기를 들고 돌아다니는 모습이 보였다. 당시 전일빌딩 입구는 셔터문이 부서져 열려 있었고 창문들도 대부분 깨져 있었다. 그 때문에 누구나 건물 안으로 들어올 수 있어 많은 사람들이 총기를 들고 전일빌딩으로 들어오는 상황이 벌어졌다. 오문경은 빌딩 안으로 들어오는 사람들을 대상으로 총기 회수를 하기로 했다. 도청에서 이루어진 것과는 별개로 건물 내에서 자체적으로 진행된 총기 회수였다. "총기를 소지하면 더 위험해질 수있다"는 그의 설득에도 반대하는 이들은 들고 온 총기를 갖고 다시 건물 밖으로 향했다. 다행히 나이가 들어 보이는 일부 시민이 오문경의 의견에 동의하며 믿어줘 총기 회수를 도왔다. 회수된 무기는 건물 입구에 둘 수 없어 마땅한 자리를 찾던 중 지하 이발관에 보관하기로 했다. 지하 이발관에 무기를 보관하게 된 건 사람들이 오가는 건물 입구에 보관할 수 없었기에 마땅한 자리를 찾아 건물 지하 1층으로 갔고 당시 문이 잠겨있던 전일다방과 달리 이발관은 잠겨있지 않았기 때문이다. 오문경은 총기 회수를 돕던 시민들(27일 새벽 전일방송에 함께 있던 인원도 이들 중 일부다.)과 함께 27일 이전까지 계속해서 무기를 회수했다. 며칠 동안 건물에 머물며 회수를 하다 보니 식량이 필요했다. 김태식 총무국장에게 식량을 부탁하자 그가 자전거로 식량을 날라 회수를 돕던 시민들과 함께 나눠먹을 수 있었다. 식량이 부족할 때는 거리에서 아주머니들이 만들어준 주먹밥을 나눠 먹었다. 그럼에도 시간이 갈수록 회수를 돕던 이들의 수는 줄어들었다. 26일 밤이 되자 다음날 군인들이 다시 시내로 들어온다는 소문을 듣고 집으로 돌아간 이들이 많았다. 그때까지 전일빌딩 이발관에 회수된 총기만 수백여 정이었다.

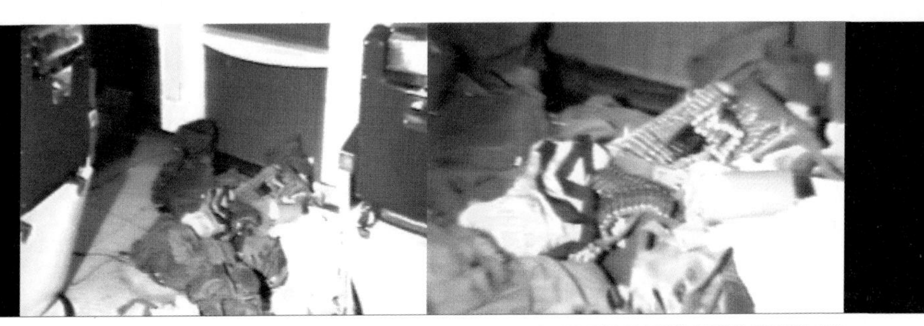

전일빌딩 지하 이발관에서 발견된 더플백과 총기

오문경은 영상 속 이발관을 전일빌딩 이발관으로 특정했다. 영상 속 장소가 전일빌딩 지하 이발관이 맞으며 영상에서처럼 당시 이발관에 더플백(군대 이동용 가방)을 보관하고 있었으며, 총기를 노련하게 다루던 사람을 따라 총기에서 총알을 전부 빼내 보관했다.

오문경은 이발관 영상에 보이는 LMG에 대해서도 설명했다. 21일 집단 발포 이후 (날짜 특정불가) LMG 1정을 든 사람들이 전일빌딩으로 들어와 2층 계단에 설치하고 있었다. 무기를 갖고 있으면 계엄군이 총격을 가해올 것이라는 판단에 "무기를 한 군데 모아 놓자"라며 오문경이 그들을 설득했다. 그들에게 회수한 LMG는 지하 이발관으로 옮겼다. 11공수여단 전투상보에는 27일 전일빌딩에서 LMG 1정이 수거된 것으로 기록돼있다.

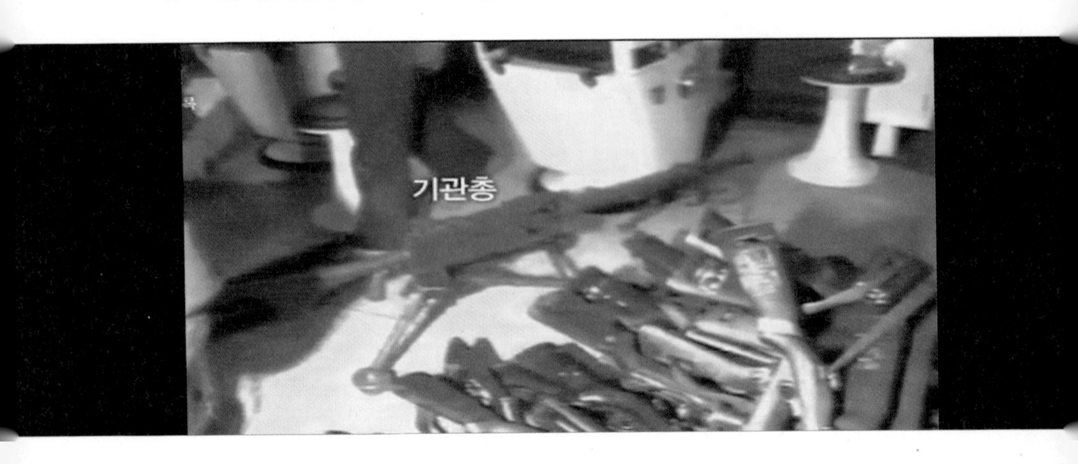

오문경은 27일 오전 8~9시가 되자 군인들이 총기를 수거해 나르는 장면을 목격한다.

"군인 10여명이 지하 이발관에서 총기를 수거해 차량에 싣고 있었어. 2~3명은 여러 정의 총기 벨트를 어깨에 메고 날랐고, 나머지는 계단에서부터 차량 앞까지 줄을 서서 앞사람에게 전달해 나르고 있었어."

오문경은 영상 외 다른 상황에 대해서도 증언했다. 날이 밝자 금남로에 두 번째로 진입하는 군인(20사단)들이 모래차와 함께 나타났다.

> "내가 8층 창문으로 금남로를 내려다보니까 핏덩어리니 뭐니 시체를 차에 실어 올리고 청소를 하더라고. 그게 증거를 인멸하는 거잖아. 군인 두 사람이 양쪽에서 시체 손이랑 발을 잡아서 차로 던지더라고. 금남로에서 말이야. 내가 그때 본 것만 2명은 되었어."

시체를 수습하는 장면을 본 오문경은 전일빌딩 1층으로 내려갔다.

> "1층에서 2층으로 올라가는 계단에 피가 엄청 있었어. 새벽에 전일빌딩으로 숨어 들어온 이들이 군인들이 쳐들어오는 것 같으니 도망가려고 했겠지. 계단 따라 도망가는 걸 보고 군인들이 총을 쏘아버린 것 같았어. 핏덩어리가 글쎄 우무같이. 마치 소피가 굳어있는 것처럼. 소의 간 같이 그렇게 굳어 있었다고."

전일방송 직원들과 마찬가지로 27일 오전 9시 이후 출근했던 전남일보 총무부 직원 이기종 씨도 같은 장면을 목격했다.

> "출근해서 보니까 전일빌딩 2층 올라가는 계단에 피가 아주 많았어요. 그게 아직도 선명하게 기억이 나요."

그날의 두 목격자는 큰 핏덩어리를 남긴 채 사라진 이를 아직 잊지 못했다.

이발관 영상에서 군인으로 추정되는 한 인물은 총기들 앞에서 "계단으로 옥상으로 먼저 올라갔어요", "우리가 막 올라가면서 그냥 갈겨 버렸어요"라 말하고 있어 이기종 씨와 오문경 씨가 목격한 장면과도 연관지어 볼 필요가 있다.

27일 새벽, 전일빌딩에는 전일방송에 남아있던 이들 외에도 전일빌딩을 방어하기 위해 도청에서 투입된 시민군 13명이 있었다. 이들은 건물에 들어온 뒤 3층 계단으로 올라갔는데 그들 중 2명은 바깥 동정을 살피기 위해 1층으로 내려갔다 입구에서 계엄군에 발각돼 연행되었다. 나머지 11명의 시민군이 전일빌딩 내부에 있었던 건데 그 후 어떻게 되었는지는 아직까지 알지 못한다. 8층 바닥에 결박 돼있던 4명의 시민군 혹은 그보다 먼저 전일방송으로 숨어 들어왔다는 시민군들이 그들 중 일부인 걸까.

이날 아침 출근한 이상옥 전일방송 편성부 직원은 화장실에 숨어있던 고등학생 시민군 1명(방기범, 광주고, 승마선수, 평소 이상옥의 지인)을 발견하고 계엄군에게 동생이라고 말하여 구출했다.

취재를 통해 영상이 촬영된 장소와 날짜, 상황은 알 수 있었으나 현재까지 27일 새벽 전일빌딩 내부에 총 몇 명의 인원이 있었으며, 무슨 일이 벌어졌는지, 희생자가 있었던 것은 아닌지에 관한 총체적 진실을 밝힐 수는 없었다.

오월의 기억이 기록으로 남겨질 수 있도 록 많은 분들께서 도움을 주셨다. 이 자리를 빌려 전일방송의 오문경, 문 정환, 진태연, 천길홍, 최경천, 오영윤 씨와 전남일보의 이기종 씨 그리고 취재에 도움을 주신 모든 분들께 감사의 말씀을 전한다.

【도청 아이】

전일방송 영상 취재는 옛전남도청복원추진위원단의 이경률 팀장과 동행했다. 도청복원추진단에서 구술을 많이 채록하고 있기 때문에 도움을 받을 수 있을 거라는 판단에서였다. 27일 영상에서 이경률 팀장은 우연히 '도청에서 연행된 한 시민군이 아이를 안고 함께 버스에 올라타 있는 장면'을 목격했다. 영상을 본 이경률 팀장은 소스라치게 놀라며 도청복원추진단에서 받았던 구술을 이야기하기 시작했다.

5월 27일 도청에서 연행자들을 태운 버스 안에 있던 시민군과 아이의 모습

5월 27일 도청에서 연행되던 당시 자신이 3~4살 정도로 보이는 아이와 함께 있었다는 구술이었다. 그 위험한 상황에 아이가 있었다는 사실이 구술을 하는 당사자도, 구술을 받은 담당자도 믿기지 않아 진위를 파악하지 못

하고 있던 차에 영상에서 아이의 모습을 발견한 것이다. 이경률 팀장은 흥분을 감추지 못했다.

이후 제작진은 당시 구술을 직접 받았던 박현정 사무관을 만나 도청 앞 아이에 대한 이야기를 자세히 들을 수 있었다. 구술자는 5월 27일 도청에서 연행된 당시 조선대학교 정치외교학과 1학년 학생 이동춘 씨였다.

이동춘 씨가 27일 새벽 도지사실에서 잡혀 연행자들끼리 있었을 때 어느 순간 눈앞에 아이 한 명이 나타났다. 당시 함께 연행된 사람들 중 남녀 고등학생이 그에게 붉은색 계열의 옷을 입은 한 남자아이를 넘겨줬다. 당시 아이는 3~4살 정도 돼 보였는데 그때부터 그가 아이를 계속 안고 있었다. 아이는 안겨 있으면서 울지도 않았으며 이름을 물어도 대답을 하지 않았다. 그렇게 아이와 함께 상무대까지 연행이 된 그는 신원조사를 거쳐 영창에 들어가면서 아이와는 헤어졌다. 영상에서 아이를 안은 시민군의 모습을 본 박현정 사무관은 곧바로 이동춘 씨에게 소식을 전했다.

> "아이를 실제로 안아서 본인이 상무대로 옮겼다고 한 이동춘 선생님께 사진을 보내줬을 때, 그 선생님도 며칠 동안 잠을 못 주무셨습니다. 며칠 전 도청에 직접 오셔서 아이를 본인이 어떻게 받았고 어떻게 안아서 갔는지 다시 재연을 해 주셨습니다. 다른 사람들은 오랫동안 상무대에 있었지만 선생님은 훈방 처리가 돼서 일찍 석방이 됐습니다. 훈방 이후 본인 역시 실제로 아이를 만난 게 맞는 건지 꿈같이 느껴져서 집에 가서 부모님한테 말씀을 드렸답니다. "어머니. 제가 이런 일이 있었는데 아이 때문에 맞지도 않고 나왔어요."라고 했더니 독실한 불교신자인 어머니께서 "동자승이 너를 돌본 게 틀림없다"라고 말씀하셔서 '정말 그런가? 내

가 아이를 잘못 봤나'라고 생각했다고 합니다. 이후 본인이 그 이야기를 사람들에게 몇 차례 했을 때도 다들 "그런 일은 있을 수 없다", "거짓말이다", "총알이 빗발치는데 3~4살 아이가 있다는 게 말이 되냐"라고 해서 정말 자신이 잘못 봤나 생각했다고 합니다."

영상 속 아이의 모습을 보기 전까지 대부분의 사람들이 구술 속 아이의 존재를 부정했다.

"시간대나 상황을 굉장히 구체적으로 이야기하셨기 때문에 구술의 신뢰도는 높았지만 사실관계를 믿기 어려워서 몇 분한테 확인절차를 거쳤는데 그때 연행됐던 분들은 "그 상황에 아이가 있기란 참 쉽지 않은 일이다", "그 분이 잘못 본 거다"라고 주로 말씀하셨습니다."

하지만 이동춘 씨와 박현정 사무관은 일부 사람들에게서 유의미한 증언을 들었기 때문에 아이의 존재를 쉽게 잊을 수 없었다.

"이동춘 선생님이 자신이 본 아이가 실재할 수도 있겠다고 생각했던 것은 우연한 자리에서 였습니다. 배석한 분이 "본인이 그때 상무대에서 근무를 했던 군인이었는데, 본인이 아이를 안고 오는 시민군을 봤다"라고 말씀하셨습니다. 당시에 그분이 '저 사람은 아이도 있는데 어떻게 시위를 하지'라며 의아하게 생각했답니다. 또 그 분이 "그 아이가 상무대의 헌병 막사에 보호되어 있었는데, 어느 순간 아이가 사라져서 상무대가 발칵 뒤집혔던 일이 있었다"라고 말했다고 합니다. 그때 이동춘 선생님도 '내가 본 아이가 정말 실재하는 아이였구나'라고 생각했다고 합니다."

"기존의 구술 중에 아주 유사한 구술도 있습니다. 도청에서 연행될 당시에 4~5살 되는 아이의 울음소리를 본인이 직접 들었다는 구술입니다. 이전까지 여러 차례 구술을 하신 분인데, 아이에 관해서는 한 차례 언급

됐기 때문에 저도 그 구술이 특이하다고 생각하고 있었습니다. 그러던 중 이동춘 선생님의 구술을 접했고 '아이가 실제로 있을 수도 있겠구나' 라는 생각을 했습니다. 그러나 계속 추적했음에도 아이의 신원과 생사를 밝히는 것은 어려웠습니다."

도청복원추진단에서 많은 사람의 구술을 채록해 온 박현정 사무관이지만 그녀에게도 아이의 존재는 계속 마음 한켠에 남아있었다. 그녀 역시 처음 영상을 통해 아이를 본 순간을 잊지 못했다.

"이 영상을 보자마자 거의 심장이 멎을 듯 했습니다. 며칠 동안 잠이 안 올 정도로 저한테는 굉장히 충격적인 영상이었어요. 영상에서 이 아이가 뭔가를 물고 있는데, 이번에 이동춘 선생님께서 도청에 오셔서 "아이가 있으니까 군인이 아이를 보호하고 있던 선생님을 때리지 않을뿐더러, 아이가 먹도록 먹을 것을 줬다"는 것이 갑자기 생각났다고 말씀해주셨습니다. "

박현정 사무관과 이동춘 씨는 당시 아이가 실재했다는 것이 밝혀졌으니 이제는 이 아이가 누구이며 이후 어디로 간 것인지 밝히는 것이 우리들이 해야 할 일이라고 했다. 박현정 사무관은 5·18민주화운동 당시 신원이 확인되지 않은 채 망월동 묘지에 잠들어 계신 분들 중 사망 추정일이 5월 27일이면서 4세가량의 남자 아이로 추정되는 '91번'(5.18 관련 사망자 검시 번호) 사망자의 검시 내용에 주목했다.

5.18 관련 사망자 검시 내용					
순번 : 191					
변사자 인적사항	본적	불상		직업	
	주소	불상		연령	4세가량
	성명	불상 ( )		성별	남
사망 일시 장소	1980.5.27.(추정) 장소불상				
검시 일시 장소	1980.6. 7.11:00 조대의대 부속병원				
사인	사인별	기타 총상			
	부위및 사인	좌후 경부 맹관 총상 (심한 부패로 추정곤란)			
검시자 (검사)	광주지방검찰청		검사 김		
참여인	의사	박		군검찰관	중위 김
	경찰관	순경 김		군의관	대위 정
비고	사체출처 : 효덕동 뒷산			사진	

5·18 관련 사망자 검시 내용 (순번 : 91번)

“광주 남구에 있는 효덕동 뒷산에 30대 여인이 군 지프차를 타고 와서 뭔가를 묻고 갔다’는 제보가 있어 광주시청직원이 그 암매장지를 팠더니, 밤색 스웨터에 싸인 4살 정도의 아이가 나왔습니다. 1980년 6월 7일 조선대학교에서 한 검시 결과 아이의 사망원인은 총상이었습니다. 맹관총상으로 돌아가셨고, 당시 아이의 시신 위에 천 원짜리 지폐가 놓여있었어요. 공교롭게도 아이의 사망 시점이 검시일로부터 10~12일 전. 대략 5월 27일 전후에 돌아가신 걸로 추정되는 검시 보고서가 있습니다.”

“망월동에 신원이 불명확한 다섯 분의 시신이 있는데 그 아이가 현재까지 신원이 확인 되지 않은 다섯 분 중 한 분입니다. 총 11구의 신원미상 시신이 있었는데, 2002년도에 행불자 가족과의 DNA검사를 통해 여섯 분의 신원은 확인했습니다. 확인이 안 된 행불자 다섯 분 중 사건번호 91번. 당시 4살 정도로 추정되는 남자 아이인데 아직까지 신원이 밝혀지지 않았어요.”

91번 아이의 사망 추정 일자와 도청 아이가 상무대로 간 날짜가 같다는 점, 또 91번 아이의 연령대가 이동춘 씨가 증언한 도청 아이의 나이와 유사하다는 점으로 보아 두 아이가 동일 인물일 가능성을 배제할 수 없어 보인다. 영상 속 아이가 살아있어 간절히 기다리던 가족을 만날 수 있다면 더할 나위 없이 좋은 일일 것이다. 하지만 40여년의 세월은 행불자 가족들의 “살아만 있어 달라”던 소망도 바꿔놓은 지 오래다. 그간 들려오는 소식에 수없이 기대했다 실망했을 부모는 가슴에 자식을 묻은 지 오래다. 자식의 뼛조각 하나라도 찾아 묘 앞에 술 한잔 따라 놓고 목놓아 자식 이름 불러보는 것이 그들의 소원이 됐다.

제작진은 박현정 사무관의 목소리를 담은 영상을 유튜브에 게시해 시민들에게 제보를 부탁했다. 다큐 인사이트 〈오월의 기록〉을 통해 아이의 모습이 방송됐으며, 몇몇 뉴스와 기사에서도 도청 아이에 대해 언급했다.

방송 이후 옛전남도청복원추진단에는 여러 제보가 들어왔다. 도청 앞에서 체포될 당시 한 아이를 보았다는 2명의 증언이었다. 도청 본관 앞에서 연행되었다는 한 사람은 당시 한 아이가 계속해서 "엄마"를 찾으며 울고 있는 소리를 들어 '왜 아이가 이런 위험한 곳에서 울고 있을까'라고 생각했다는 것이다. 잠시후 아이의 울음 소리가 멈춰 궁금했으나 고개를 숙인 채 연행되고 있어 이후 아이의 모습을 보지는 못했다고 한다. 아이를 목격했다는 또 다른 한 사람은 "연행자들과 도청 마당에 줄줄이 엎드려 있는데 본관 현관 쪽에 6~7살 된 남자아이가 보였다"라고 말했다. 아이를 안고 있던 이동춘 씨가 말했던 아이 추정 나이(3~4살)와는 차이가 있었다. 구술자는 계엄군 지휘관으로 보이는 사람 역시 아이를 보고 당황한 듯 이 아이에게 무언가를 물었는데, 아이가 울지도 않고 있어 어떻게 그 자리까지 와 있는 건지 의아했다고 한다. 27일 도청 현관 혹은 도청 앞에서 아이를 목격했다는 유의미한 증언이었으나 안타깝게도 아이의 신원이나 이후 생사에 관해 알만한 정보는 듣지 못했다.

또 다른 제보 중 하나는 27일 하루 이틀 전에 집을 나갔다는 '이창현 군' 누나의 제보다. 창현군의 가족들은 영상을 보자마자 영상 속 아이가 창현군임을 알아봤다고 한다.

이창현 군 돌 사진

당시 이창현 군은 초등학교 1학년(당시 7세)으로 누나와 집에 있다 사라진 뒤 지금까지 돌아오지 못했다. 집을 나간 창현 군은 당일 분홍색 계열 티셔츠를 입고 있었는데 버스 속 아이의 옷(붉은색 계열의 옷) 색상과 상당히 유사하다. 지금까지 여러 매체에서 창현 군의 실종 날짜가 5월 19일 혹은 5월 20일이라 언급하고 있으나 가족들은 창현 군이 실제 집을 나간 날짜가 계엄군의 도청 진입이 있기 전날인 26일이라고 했다. 창현 군의 아버지는 아이가 실종된 후 유골이 발견됐다는 소식이라도 들리면 행여나 어린 아이의 뼛조각이 나올까 전국을 찾아 다녔다. 2002년 신원이 확인되지 않은 채 망월동 묘지에 안치된 희생자들과 행불자 가족들의 유전자 검사가 이루어졌다. 당시 창현 군의 가족들도 검사를 받았으나 검사 결과는 불일치였다. 방송 이후 창현 군의 가족들이 제보를 주면서 '91번 아이'와 2차 유전자 검사가 진행됐지만 유전자는 일치하지 않았다. 창현 군과 영상 속 아이가 동일인물이라면 당시 양동시장 근처에 살고 있던 아이가 어쩌다 그 위험한 곳까지 오게 된 걸까. 영상 속 살아있는 아이의 모습을 본 가족들은 매일 밤 잠을 못 이루고 있다. 하루하루 애가 타지만 현재로서는 아이를 찾을 방법이 없다. 이동춘 씨가 만났다는 '상무대에서 근무했던 군인'의 말대로 아이가 갑자기 사라졌다면 아이는 어디로 간 것일까? 당시 상무대에 근무했던 다른 군인들 중 아이의 행방을 아는 사람이 있진 않을까? 근처 보육원이나 시설에서 아이를 본 사람은 없을까. 무엇보다 목격자들의 증언이 가장 절실한 상황이다. 지금도 가족들은 아이를 간절히 기다리며 힘든 나날을 보내고 있다.

당시 아이를 목격했거나 행방에 대해 아는 분이 있다면 옛전남도청복원추진단과 5·18민주화운동 진상규명조사위원회로 제보를 부탁한다.

이밖에도 영상 속 아이가 본인이라고 주장하는 40대 회사원이 있었으나 본인의 진술만으로 영상 속 아이라는 것을 증명하기 어려운 부분이 있으며, 이창현 군의 가족들의 확인 결과 이창현 군은 아닌 것으로 보인다. 또, 당시 효덕동 뒷산에서 암매장지를 판 시청 직원에게서 '91번 아이'가 5월 20일 광주역 앞에서 희생된 아이라는 주장이 제기되기도 했지만 91번 아이의 사망 추정 일자인 5월 27일과 일주일 가량 차이가 난다.

지금도 많은 이들이 5·18민주화운동의 후유증을 앓고 있다. 그날의 진실을 밝히기 위해서는 무엇보다 5·18민주화운동에 대한 지속적인 관심이 필요하다. 정말 우연히 우리가 영상에서 아이를 만난 것처럼 또 다시 우연처럼 그날의 진실을 마주하게 될 날이 오지 않을까. 취재에 도움을 준 옛전남도청복원추진단 박현정 사무관, 이경률 팀장, 이동춘 씨를 비롯 인터뷰를 해주신 모든 분들에게 감사의 말씀을 전한다.

"5·18민주화운동과 관련해 사상자도 많고 부상자도 많고, 부상으로 인한 사망자들, 상해 후 사망자들이 많습니다. 발포 명령자가 누구인지와 암매장 문제도 풀어야 할 중요한 문제지만, 행불자로 인정받은 80여분을 찾는 것 역시 큰 숙제 중 하나입니다. 사망자 유족 분들은 공통적으로 이야기 합니다. "우리 사망자 유족은 시신이라도 찾아서 그나마 여한이 없는데 행불자 가족들을 보면 너무 미안하다"라는 겁니다. 그 분들은 시신도 찾지 못했기 때문에 어디에 참배를 해야 할지, 언제 어디서 제사를 올려야 할지 어렵다는 거예요. 그분들의 마지막 한. 행불자들이 언제 어디서 돌아가셨는지 밝히는 것과 시신을 꼭 찾아서 지금이라도 제사를 올려주고 싶어 하는 가족의 바람이 너무 늦지 않게 이루어졌으면 좋겠습니다."

- 박현정 사무관-

PART
04

다큐 인사이트

해외 취재기

오월의 기록

오월의 기록 해외 자문 리스트

방송사

미 ABC News

미 NBC

미 CBS Evening News, CBS Archives

미 NDR

미 AP Images

기자

Terry Anderson / 당시 AP 기자

Carl Gilman / 당시 CBS 카메라 기자

Donald Kirk / 프리랜서 기자

Jim Laurie / 당시 ABC 기자

Dexter Leong / 당시 CBS 오디오맨

Mark Litke / 당시 ABC 기자

Bradley Martin / 당시 the Baltimore Sun 기자

Robin Moyer / 당시 the Times 사진 기자

Andrew Nagorski / 당시 the Newsweek 기자

John Needham / 당시 UPI 기자

Norman Thorpe / 당시 the Asian Wall Street Journal 기자

Derek Williams / 당시 CBS 카메라 기자

【해외 취재기】

이상아
MA in Global Journalism, University of Sheffield

벌써 40년이나 지난 일이라 잘 기억은 안 나지만

이번 방송을 위해 당시 외신 취재기자와 카메라 기자들과 접촉하며 가장 많이 들은 말 이었다.

이 사람은 나보다 잘 기억할 수도 있습니다

외신은 5·18 광주 민주화운동을 어떻게 그렇게 자세하고 발빠르게 취재하고 송출할 수 있었는지 취재할 수 있는 실낱같은 희망이었다. 당시 광주에 있던 외신 기자들은 제작진에게 당시 현장에 있던 다른 방송사 기자들을 소개해주었고, 그렇게 외신 기자들과의 기억 찾기가 시작되었다.

2021년 5월에 방송된 〈오월의 기록〉 다큐멘터리 제작을 위해 1980년 당시 방송된 5·18 광주 민주화운동 관련 외신 뉴스, 이미지 자료, 미국 대사관 등 해외 공관 반응 등을 취재했다. 당시 한국에서는 언론이 강하게 통제되고 있던 상황이었기 때문에 〈오월의 기록〉 방송은 외신 자료에 의존도가 높을 수밖에 없는 상황이었고, 가능한 많은 해외 자료를 찾아내기 위한 노력이 이루어졌다. 해외에 있는 시각 자료를 찾는 작업의 경우, 보통 발간된 연구 자료나 논문, 책자, 뉴스 기사 등을 토대로 '이 날짜에 어떤 자료들이 만들어졌겠구나'하고 추측한 후 그 자료들이 실제로 있는지, 어디에 있는지, 없다면 혹시 다른 곳에서 찾을 수 있는지, 사전 조사에서는 추측하지 못 했지만 추가로 만들어진 자료들이 있는지를 광범위하게 취재한다.

이번 취재에 응해주신 당시 외신 기자들은 9개 언론사의 기자 12분. 아쉽게도 방송에는 취재에 응해주신 당시 취재 기자들의 기억이 온전히 담기지 못 했지만, 외신 기자들과의 접촉을 통해 다큐멘터리 제작팀의 추측을 확인하고, 의문을 제기하고 추가 자료 발굴에 대한 가능성을 발견했다.

외신기자들과의 대화는 메일로, 전화로, 문자로 이루어졌다. 시간이 많이 흘러 취재 당시 현장 상황을 정확하게 기억하지 못 했지만, 그들은 우리에게 최대한 많은 정보를 주려고 노력했다. 가장 먼저 확인한 것은 외신기자들이 당시 당시 광주에 며칠에 어떤 경로로 들어갈 수 있었는지, 당시의 영상이나 사진을 현재까지 갖고 있는지, 5월 21일의 집단 발포와 5월 26일의 시민군 기자회견 당시 상황을 기억하거나 기록한 것이 있는지였다. 국내 취재에서 발견하지 못한 기억이나 자료를 발견할 수도 있기 때문에 최대한 자세하게 말씀을 부탁드렸다.

이번 취재에 응해주신 많은 기자들 중 당시 AP통신의 테리 앤더슨(Terry Anderson) 기자, 당시 the Baltimore Sun 브래들리 마틴(Bradley Martin) 기자, 당시 UPI 존 니덤(John Needham) 기자, 당시 the Asian Wall Street

Journal 노먼 소프(Norman Thorpe) 기자, 당시 미 ABC 마크 릿케(Mark Litke) 기자, 짐 로리(Jim Laurie) 기자, 당시 미 CBS 데렉 윌리엄스(Derek Williams) 카메라 기자, 오디오맨 덱스터 레옹(Dexter Leong), 도널드 커크(Donald Kirk) 당시 프리랜서 기자와의 대화를 첨부한다.

취재의 시작은 1980년 5월 취재 이후 현재까지 5·18 관련 단체와 긴밀한 관계를 유지하고 있는 외신 기자들을 중심으로 이루어졌다. 비교적 수월하게 연락처를 수배할 수 있었기 때문이다. 당시 미 ABC 짐 로리(Jim Laurie) 기자, 당시 AP통신의 테리 앤더슨(Terry Anderson) 기자, 당시 the Baltimore Sun 브래들리 마틴(Bradley Martin) 기자, 당시 UPI 존 니덤(John Needham) 기자, 당시 the Asian Wall Street Journal 노먼 소프(Norman Thorpe) 기자께 1차로 메일을 드렸다. 답장이 오는 대로 추가 취재를 할 생각이었고, 답장을 기다리는 동안 다른 기자들의 연락처를 수배했다.

1차로 메일을 드렸던 분들 중 가장 먼저 답을 주신 분은 당시 미 ABC 뉴스의 짐 로리(Jim Laurie) 기자였다.

41년 전 제가 한 보도에 관심을 가져줘서 고맙습니다. 1980년 제가 써놓은 일지를 보면 저는 광주 사건이 일어나고 나서 9일 후에 광주에 도착했습니다. 저는 1980년 5월에 주로 홍콩에 있었습니다.

서울로 5월 24일에 날아갔습니다. 5월 24일 일요일, 저는 두 명의 사진사와 함께 광주로 갔습니다. 사진사 한 명은 일본에서 왔고 한 명은 서울에서 왔습니다. 우리는 마빈 파카스라는 미국인 프리랜서 사진사도 데리고 있었습니다. 광주로 들어가는 것에 어려움은 없었습니다. 저는 5월 29에 광주에서 서울로 돌아왔고 계속 보도를 이어갔습니다. 6월 1일에 홍콩으로 돌아갔습니다.

요즘과는 다르게, 그때는 ABC뉴스가 아시아에 여러 명의 특파원과 여러 곳의 뉴스 지부를 가지고 있었습니다. 우리는 서울에 사무국이 있었고 거기에 한국인, 미국인 스탭들이 있었습니다. 방송이 가능한 특파원들은 홍콩과 도쿄에 있었습니다.

한국의 비디오 저널리즘은 1970년대, 80년대에 매우 강했습니다. 한국 전쟁 보도 때문에 많은 젊고 유능한 사진사들이 성장할 수 있었고 그들이 ABC, NBC, CBS에 1965년에 채용되어 베트남 전쟁을 취재했습니다. 저는 그 중 몇 명과 베트남에서 1970-75년에 일했습니다. 전쟁이 끝난 후 몇몇은 미국 방송사에 고용되었습니다. 결론적으로, 1980년에 방송사들은 인력 구성이 꽤 잘 되어있는 편이었습니다. 제 기억으로는 CBS가 광주에 대한 보도를 제일 잘 했습니다. ABC는 살짝 늦었고 정돈되지 않았습니다. 제 기억으로 CBS에 뉴질랜드 출신 사진사가 있었고, 브루스 더닝(사망)이라는 특파원이 있었습니다.

당시 미국 미디어는 요즘과 매우 달랐습니다. 오늘날보다 훨씬 많은 양의 국제 뉴스를 취재했고 한국은 1950년대부터 1990년대까지 국제적으로 큰 뉴스 소재였습니다. 한국이 근대 경제로 성장한 이야기나 현대 민주주의에 대한 이야기가 컸습니다. 미군이 주둔해 있다는 사실은 한국을 더 큰 뉴스 소재로 만들었습니다. 뉴욕 지부의 매니저와 에디터들은 서울에 스탭들을 두었습니다. 보통 로컬 카메라맨이 있었고 뉴스가 될만한 이슈가 커지면 저처럼 국가 밖에서 들어오는 특파원이 있었습니다.

처음으로 받은 답장이 기대보다 자세한 내용을 담고 있었기 때문에, 고무되어 사실 확인과 메일에 언급된 인물들을 수배했다. 짐 로리 기자가 5월 24일에 광주에 들어갔다면, 그는 다른 취재원들에 비해 비교적 늦게 광주 취재를 시작한 것이었다. 메일에 언급된 인물들을 수배하는 과정에서 안타깝게도 미국인 프리랜서인 마빈 파카스 사진기자는 소재를 파악할 수 없었고, CBS의 브루스 더닝 기자는 이미 사망한 상태, 피터 콜린스 기자는 주변인과 접촉했지만 매우 아프셔서 취재를 도와줄 수 없다고 전해 들었다.

사실, 취재원이 아프다거나 돌아가셨다고 전해 듣는 일은 한국전쟁 소재의 프로그램을 제작할 때도 많이 겪었던 일이었다. 아주 먼 과거도 아닌 사건의 현장에 계셨던 분들이 더 이상 우리 곁에 없다는 것은 안타까운 일. 한 분이라도 더 생존해계시는 동안 생생한 현대사를 더 많이 기록해 둘 수 있다면 좋을 것이다. 짐 로리 기자에게 첫 번째 메일을 받고 "이렇게 생생하게 당시를 기억하고 계시니 혹시 소장 중인 영상이나 사진자료가 있는지, 5월 26일의 기자회견에 대한 기록은 없는지" 다시 한 번 물었지만 자료도 기록도 없다는 답을 받았다.

> 제가 그때 찍은 영상은 없습니다. 저는 그때 보도 때문에 너무 바빴고 항상 훌륭한 한국/일본 사진사들과 일했습니다.
>
> 시민군 대변인 미팅(5월 26일)에 대해서는 굉장히 희미하게 기억이 나는데, 1980년 5월 26일에 대한 얘기는 제 일지에 적혀있지 않습니다.

당시 The Baltimore Sun의 브래들리 마틴(Bradley Martin) 기자에게도 답변을 받았다. 사진보다는 글에 더 중요도를 두는 신문 기사의 특성 때문에 이미지나 영상 자료에 대해서는 만족스럽지 못 한 답을 들었지만 당시 신문 기사 전문을 어떻게 해외로 송출했는가, 해외 신문들이 어떻게 광주 사진을 지면에 실을 수 있었는가에 대한 설명을 들을 수 있었다.

40년 전에는 이미지가 중요한 때가 아니었습니다. 저는 신문사 특파원이었고 사진은 보통 제 일이 아니었습니다. 기획 기사라면 카메라 기자를 데리고 갔겠지만 보통 뉴스 기사를 취재할 때는 혼자 이동했습니다. 만약 제가 리포터와 뉴스 사진사 역할을 동시에 하려고 했다면 기사를 전송하기 더 어려웠을 것이고 더 비용이 많이 들었을 것입니다. 심지어 그때는 유선 통화도 너무 비싸서 제가 아시아에 있던 5년 동안 저는 볼티모어에 있던 편집자와 세 번밖에 통화를 하지 못했습니다.

한국에서 우리는 우리 기사를 호텔 전보 교환원을 통해서 전송했습니다. 그들이 기사를 전보 기계에 펀칭해서 보냈습니다. 당시 사진을 빠르게 전송할 수 있는 몇 개의 통신사가 있었습니다. 독일 TV 기자(이름을 말하지 않았지만 아마도 유르겐 힌츠페터)의 경우를 보면, 그는 찍은 비디오를 직접 도쿄로 가져갔다는 걸 알 수 있을 것입니다.

저는 광주로 카메라를 가지고 가지 않았습니다. 저는 그 통신사들이 사진을 빠르게 전송할 수 있다는 걸 알고 있었고, 제 편집자들이 그 통신사들의 사진을 쓸 수 있다는 걸 알았습니다. 비록 The Asian Wallstreet Journal이 당시에 사진을 적게 썼음에도 불구하고, 노먼 소프 사진 기자가 사진 찍기를 즐겼습니다. 그는 시민군 대변인 윤상원이 기자회견 다음날(5월 27일) 복도에 누워 있는 유명한 사진을 포함해서 광주에서 사진을 많이 찍었습니다. 노먼 소프나 다른 통신사가 그 기자회견장에 있었는지 기억은 나지 않습니다. 저는 노먼이나 테리 앤더슨, AP의 특파원, UPI의 특파원이었던 존 니덤의 자료를 복사해서 썼습니다. 당시 광주에서 로이터나 AFP에서 누가 리포팅이나 사진촬영을 했는지 기억은 안 나지만 아마 당신이 찾을 수 있을 겁니다.

브래들리 마틴 기자의 "당시 The Asian Wall Street Journal의 노먼 소프 사진 기자가 취미로도 사진 찍기를 즐겼다"는 말에 노먼 소프 기자에게서 새로운 자료를 얻을 수 있을까 기대했지만 예상과는 다르게 짧은 회신을 받았다.

광주에서 저는 비디오를 촬영한 적은 없고 사진은 좀 찍었습니다. 저는 더 이상 그 사진들을 갖고있지 않습니다. 그것들은 지금 도청 아카이브에 저장되어 있습니다.

당시 AP 통신의 테리 앤더슨 기자에게도 회신을 받았다.

제가 기억하는 내에서 질문에 대답해 보겠습니다. AP 특파원으로 있었는데 저는 그때 비디오 장비를 갖고 있지 않았습니다. 그때 서울 AP지부에 있던 AP 사진사와 광주에 같이 갔고, 그의 이름은 Simon Kim입니다. 그는 사건이 발생했을 때 현장에 처음 배치된 AP 스탭이었습니다. 시위가 일어난 첫날 이후에 들어갔고 반란군(메일 원문에 rebels라는 단어를 사용하였기에 그대로 인용하였습니다)이 지역 무기고를 습격했을 때 그곳에 있었습니다. 카메라 스탭 한 명은, 제 기억으로는 CBS사람인데, 일찍 광주에 들어갈 수 있었습니다. 언제였는지 정확히는 모르겠습니다.

저와 Black Star 사진사는 무기고 공격이 있던 다음날 도시 근처에 열린 공항까지 비행기를 타고 갔고 바로 택시를 타고 광주로 갔습니다. 공항 이름은 생각나지 않습니다. 택시는 사람들이 도시에서 탈출하는 것을 보더니 도시로 들어가는 것을 거부했습니다. 그때 로빈 모여(the Times 사진 기자)와 저는 걸어서 광주 외곽으로 갔습니다. 자정 쯤 우리는 반란군 저지선을 마주했습니다. 길 위에서 군인을 못 봤던 것으로 보아 그 저지선이 완전히 구축되진 않았던 것 같습니다. 반란군은 우리를 들어가게 해줬고 우리는 보도를 시작했습니다. 그 포위 기간 동안 저와 다른 리포터들은 자전거를 타고 그 저지선을 빠져나왔고 논두렁과 오솔길로 걸어서 지역 우체국에서 전화를 쓸 수 있는 가장 가까운 마을로 갔습니다. 아마 24km정도 떨어져 있었을 것입니다. 아마 TV쪽 사람들도 이런 식으로 비디오를 송출했을 것입니다. 저는 지역의 카메라 스탭들이 그들에게 영상을 제공해줬다고 생각하는데, 제 개인적으로 이것에 대해 아는 것은 없습니다.

저는 (5월 21일) 발포 때는 거기 없었는데 (5월 26일) 기자회견때는 참석했습니다. 우리 중 몇 명이 반란군 대변인으로부터 카드보드지로 만든 프레스카드를 받았습니다. 다음날 아침(5월 27일) 군인들의 공격이 있고 난 후 저는 도청 앞 계단에서 그의 시신(윤상원으로 추정) 을 봤습니다.

이 정도를 말씀드릴 수 있겠습니다. 제가 광주에서 본 것 외에 몇 명이 죽었는지, 그 기간 동안 얼마나 정부 보도가 왜곡되었는지는 당신도 확인할 수 있을 것입니다. 저와 다른 서양 기자들, 지역 언론인들이 시신의 수를 셌습니다.

테리 앤더슨 기자가 동행했다는 사진사 Simon Kim은 한국인으로 추측되지만 외신 기자들이 편의상 불렀던 이름인 Simon 외에 어떠한 정보도 확인할 수 없어 추가로 연락처 수배나 취재가 이루어질 수 없었다. 이렇게 희미해진 기억과 추가 취재를 어렵게 만드는 부분적인 사실확인 때문에 최대한 많은 기자들과 접촉해 기억을 모으고 사실을 확인하는 작업이 필요했다.

1차로 접촉했던 기자들과 대화했지만 뚜렷하게 새로운 사실을 발굴할 수 없었고, 메일에 언급된 인물들을 확인할 수 없거나 사망한 상태였기 때문에 새로운 취재원 수배 또한 어려움을 겪고 있던 상황이었다. 취재 범위를 넓혀야 했다. 〈오월의 기록〉 PD에게 "과거 KBS에서 이산가족 특별방송을 할 때 취재 왔었던 기자가 있다"는 말씀을 듣고 확인해보니 당시 미 ABC 마크 릿케(Mark Litke) 기자가 5·18 광주 민주화운동을 취재했고 이후 이산가족 방송을 취재했다는 사실을 확인했다. 마크 릿케 기자는 여러 차례의 메일과 전화 통화를 통해 당시 현장 상황을 생생하게 전달해주었고, 본인의 당시 방송분을 MiniDV 형태로 소장하고 있어 ABC's World News Tonight과 Good Morning America에서 어떤 뉴스를 송출했는지 확인할 수 있는 힌트를 얻었다.

> 1980년 5월 사태에 대해서 대략 이야기 해 드리겠습니다. 일반적으로 그 당시 TV 특파원이나 카메라 스탭들은 ABC의 현지 비상근 통신원, 비상근 카메라맨, 제휴하고 있는 국제 뉴스 에이전시에 엄청나게 의존하고 있었습니다(ABC는 UPTIN과 파트너쉽을 맺고 있었다). 우리는 또한 일본 방송국들이 쓰는 비디오를 공유 받아 사용할 수 있었습니다. 그때 ABC는 Asahi TV와 파트너십을 맺고 있었고, CBS뉴스는 TBS TV와 제휴하고 있었습니다. 우리가 홍콩이나 일본에서(저는 일본에 있었습니다) 우리 스탭들을 데리고 한국에 갔을 때 우리는 자주 서울에서 일어나는 사건들을 우선순위에 두고 집중할 수 밖에 없었습니다.

또한 계엄령 기간 동안 우리는 MBC나 KBS를 통해서 위성 송출을 할 수 없었습니다. 그래서 비디오는 도쿄로 날아가 위성 송출을 해야만 했습니다. 제가 기억하기로는 제가 여러 번 서울에서 도쿄로 마지막 비행기를 타고 비디오를 갖고 날아갔고, 밤새서 기사를 쓰고 편집한 후에 다음날 아침 첫 비행기로 도쿄에서 서울로 돌아왔습니다.

한국에서 잇달아 기사들이 발생하는 동안 우리는 또한 신문기자들과 가깝게 관계하면서 그들에게 의존할 수 밖에 없었습니다. 신문기자들이 나라 안을 더 쉽게 이동할 수 있었기 때문입니다. 우리는 AP나 UPI에서 전보로 내보내진 기사를 따라갈 수도 있었습니다. 그들은 서울에 사무실을 갖고 있었고 우리는 당시 조선 호텔의 공간에서 일했습니다. 그리고 뉴욕에 있는 우리의 편집자들은 지속적으로 우리가 새로운 뉴스를 뉴욕타임즈와 워싱턴포스트에 낼 수 있게 해 주었습니다. 신문기자들은 그들의 입장에서, 그들이 제시간에 취재하지 못했을 때, 우리에게 종종 우리가 취재한 비디오를 보여달라고 하곤 했습니다.

ABC는 비상근 통신원을 고용하고 있었는데, 그들이 하는 일은 정보를 모으고 우리를 위해 모든 것을 조율하고 그가 가진 카메라로 촬영을 하는 것이었습니다. 제 생각에는 그가 갖고있던 카메라는 JVC였는데 아마 VHS 포맷이었을 것입니다. 소니가 더 좋은 베타캠을 생산했었는데 1980년 중반까지 도착하지 않았습니다. 그 통신원 이름이 채권태(최권태?) 였던 것 같습니다. 그는 1982년 이후로 ABC뉴스와 더 이상 일을 하지 않았습니다. 그가 어디 사는지 그가 아직 살아있는지 전혀 모르겠습니다.

제가 통신원 얘기를 했는데, 그 얘기에서 나온 통신원은 당시 UPITN을 위해서도 일하던 카메라맨이었습니다. ABC가 UPITN과 파트너십을 맺고 있어서 UPITN의 카메라맨이 종종 우리한테 그들의 자료에 접근할 수 있게 해 주었습니다. 우리는 그들이 위성으로 그들의 국제적인 고객들한테 송출하기 전에 서울에서 그걸 카피할 수 있었습니다. 그 카메라들은 그들이 UPITN일이 없을 때 가끔 우리를 위해서 데일리 독점 취재를 해 주었습니다. 그 사람들 이름이 기억이 나지 않습니다.

통신원들은 우리가 그 나라에 없을 때 고용하는, 사건이 일어났을 때 우리를 백업하는 스탭이었습니다. 우리는 보통 도쿄나 홍콩에 있는 2명의 ABC 카메라맨과 같이 출장을 갔습니다. 당시 ABC는 Ikegami 카메라를 사용했습니다. 사운드맨이 이동용 유매틱 테입덱과 샷건 마이크를 들고 다녔습니다. 이것이 당시 최신식 전문 스탠다드 TV뉴스 장비였습니다.

제가 전보(teletype)라고 이야기하는 것은 통신사들이 신문기사나 메시지 송출할 때 쓰던 기계입니다. 비디오를 전송하는 기계는 아니었습니다. 우리가 미국 사무실로 비디오를 전송할 수 있는 유일한 방법은 위성을 통한 것이었는데, 이 위성은 방송국, 송출센터, 정부의 통신 빌딩에 있었습니다. 1970년대 후반부터 1980년대 초반까지 아주 드문 경우를 제외하고는 그것들 중 어떤 것도 해외 뉴스사에게는 사용이 허가되지 않았습니다.

우리는 문자 그대로 테이프를 들고 도쿄나 홍콩으로 가서 편집하고 위성송출을 해야만 했습니다. 아마 거기에서 몇 명의 독립 카메라맨이 16mm로 찍었을 것입니다. 만약에 계엄령 기간 동안이었다면, 해외 방송을 위해서는 그 16mm 필름도 한국 밖으로 핸드캐리 되어서 나가야만 했을 것입니다. 우리한테 좀 더 자료가 많을 거라고 보입니다. 왜냐하면 우리는 일본, 영국, 독일 TV 스탭들이 찍은 비디오에도 접근할 수 있었기 때문입니다. 그들은 그들 나름대로 비디오를 핸드캐리하는 방법이나 그들의 본사로 위성송출하는 방법이 있었을 것입니다.

뉴욕에 있는 내 PD는 "우리 런던 사무실이나 본 사무실이 BBC, ITN, ARD에서 영상을 몇 개 봤다"고 말하곤 했습니다. 그러면 우리는 그 영상들을 우리 기사를 위해 사용할 수 있었습니다. 제 음성 트랙과 여러 비디오 소스들을 합쳐서 방송하는 것입니다. 눈치챘겠지만, 1980 데모 방송 중에 다수의 뉴스 기사의 오디오가 전화로 한 리포트였습니다. 리포터들은 서울에서 기사를 썼고 뉴욕이나 런던이나 녹음할 수 있는 사무실 어디로든 전화를 했습니다. 그리고 본사의 테입 편집자들이 방송으로 나갈 마지막 버전을 편집했습니다. 그렇게 심플하게 방송했습니다.

집에서 1980 한국 기사가 담긴 Mini DV 테입들을 찾았습니다. 이것들은 ABC World News Tonight(저녁 뉴스)에 15, 16일자로 나갔던 제 기사들입니다. 그리고 5/21, 22, 23, 26에 나갔던 광주 시위에 대한 기사들도 있습니다. 짐 로리의 5월 27일 뉴스도 있는데 그는 광주 상황이 끝나는 날도 보도할 수 있었던 사람입니다. 그는 해외 기자 몇몇이 광주에 들어가기 전날 밤에 광주에 들어갈 수 있었습니다. 데렉 윌리엄스(CBS 카메라 기자)와 덱스터 레옹(CBS 오디오맨)도 마찬가지입니다.

퀄리티가 좋진 않지만 보고 이해하긴 괜찮을 것입니다. 데렉이 비디오를 갖고 있다면 좀 더 퀄리티가 좋은 것들이 있을 것입니다.

마크 릿케 기자와의 대화를 통해 당시 광주의 상황을 여러 가지로 짐작할 수 있었다. 언론 통제가 매우 심했기 때문에 외신조차도 국내에서 위성으로 영상 송출이 불가능했다는 점, 촬영한 테입들을 핸드 캐리로 당일 도쿄에 가져가 편집 후 도쿄에서 위성 송출해야 했다는 점에서 누군가는 한국과 일본을 매일 오갔다는 것을 추측할 수 있었다. 이런 추측은 마크 릿케 기자의 동료였던 데렉 윌리엄스 CBS 카메라 기자, 오디오맨 덱스터 레옹을 통해 조금 더 구체화되었다.

당시 미 CBS의 데렉 윌리엄스(Derek Williams) 카메라 기자는 당시 상황을 누구보다 생생히 전달해 주었다. 윌리엄스 기자는 오디오맨이었던 덱스터 레옹을 소개해주었고, 당시 광주에 있던 CBS 스탭들의 단체사진을 보내주었다. 국내의 어떤 언론사에서도 발견하지 못 했던 자료들이 왜 CBS에 많이 있었는지, 당시 CBS가 한국의 상황을 생생하게 전하기 위해 얼마나 많은 인력을 투입했는지 짐작할 수 있었다.

> 늙어서 기억이 희미해졌지만 광주에서 저는 타임즈의 사진기자였던 로빈 모여와 대부분의 시간을 같이 다녔습니다. CBS 영상 중에 제가 찍은 건 이미 다 보셨을 거예요. 우리가 어떻게 광주에 들어갔는지는 잊어버렸지만 기억나는 건 저와 같이 다녔던 사운드 맨인 덱스터 레옹이 한국, 일본 비자를 여권에 갖고 있어서 그가 CBS 뉴스 영상들을 위한 피죤(Pigeon, 전서구:촬영본 전달) 역할을 했다는 것입니다. 덱스터가 직접 비디오 테입을 들고 한국과 일본을 오갔습니다. 우리의 취재본은 도쿄의 CBS 뉴스 지부로 모였습니다.
>
> CBS 뉴스는 광주에서 세 개의 카메라 팀을 돌렸습니다. 카메라맨들은 데렉 윌리엄스, 칼 길맨과 도쿄 CBS 카메라맨인 싸농 히란시 씨입니다. CBS 팀 단체사진을 보냅니다.

광주 민주화운동을 취재하기 위해 파견된 CBS News 팀. 오른쪽부터 카메라맨 칼 길맨과 형제,
기자 피터 콜린스, 이안 윌슨, 카메라맨 싸농 히란시, 오디오맨 이노우에, 카메라맨 데렉 윌리엄스

데렉 윌리엄스 기자와의 대화에서 마크 릿케 기자가 얘기했던 "본인의 비디오보다 퀄리티가 좋은 비디오"나 개인 소장 영상이 있는지를 기대했지만 아쉽게도 데렉 윌리엄스 기자가 개인적으로 소장하고 있는 영상은 없었다.

이후 마크 릿케 ABC 기자와 데렉 윌리엄스 카메라 기자를 통해 소개받은 당시 CBS 오디오맨 덱스터 레옹(Dexter Leong)과도 대화를 나눴다. 덱스터 레옹 오디오맨은 당시 본인이 '전서구'로 취재 테입을 서울에서 도쿄로 직접 배송하며 다급하게 한국과 일본을 오갔던 뉴스 송출 상황을 얘기해주었다.

한국 정부가 국제 위성을 이용한 전송을 폐쇄한 후 저는 비디오 카세트 피죤(Pigeon, 전서구:촬영본 전달)가 되었습니다. 그래서 저는 시위 기간 동안 광주 현장에서 일어났던 일을 잘 알지 못하기 때문에 도와주기 힘들 것 같아요. 그러나 제가 운송 수단이 되면서 했던 타임라인은 정리해드릴 수 있습니다.

저는 중국계 미국인이라 한국과 일본을 포함한 여러 나라의 입국 비자를 가진 미국 여권을 갖고 있었습니다. 저는 1980 5월 23일에 서울에 도착했습니다. 5월 24일에 저는 나리타 공항으로 비디오 카세트들을 갖고 날아갔습니다. 5월 25일에 다시 서울로 날아왔습니다. 5월 26일에 서울에서 도쿄로, 도쿄에서 서울로 이동했습니다. 5월 30일에 서울에서 도쿄로 이동했습니다. 6월 3일에 홍콩으로 돌아갔습니다.

한국 정부는 5월 23일 전에 위성 송신을 중단했습니다. 그리고 5월 26일에서 5월 30일 사이에 4일간의 갭이 있는데, 이건 아마 광주에서 테이프를 갖고 나오기가 정말 힘들어진 시기였기 때문일 것입니다. 5월 30일부터 쭉 나는 도쿄에 있었습니다.

'핸드 캐리와 시차'가 당시 미국의 주요 방송사들이 혼란했던 광주의 상황을 당일 방송할 수 있었던 비밀이었다. 뉴스를 보다 생생하게 전달하기 위해 보이지 않는 곳에서 큰 노력이 있었다.

제 기억이 맞다면 저는 그렇게 많은 양의 비디오카세트를 갖고 공항이나 세관을 지나지 않았습니다. CBS는 기사 편집본을 위성으로 송출했습니다. 제가 편집본과 다른 무편집본 조금을 핸드 캐리했을 가능성이 매우 다분합니다. 그래서 제가 나리타 공항에 내리면 배달부에게 제 짐을 넘겼고 바로 도쿄 방송 빌딩에 있는 CBS 지부에 갔습니다. 뉴욕에서 바로 방송할 수 있도록.

(당일 취재 당일 방송이 가능한가에 대한 질문에) 서울이 뉴욕보다 13시간 정도 빠르니까 기술적으로는 당일 방송이 가능합니다. 뉴욕이 시간이 늦으니까.

기자들이 영상을 같이 썼다는 것에 대해서 저는 해줄 말이 없습니다. 특정 해외 방송사들 간에는 라이센스를 공유하는 정책이 있었는데 지금은 그때와 또 많이 달라졌을 것입니다. 누가 누구와 제휴를 맺었는지는 기억이 안 나지만 CBS는 TBS와 제휴하고 있었습니다.

마크 릿케 기자와 덱스터 레옹 오디오맨과의 대화 이후 한국 정부가 국제 위성을 이용한 영상 전송을 폐쇄했다는 말이 사실인지 확인을 위해 노력했지만 구체적인 자료를 찾을 수 없었고, 당시 KBS에 근무했던 분들의 진술도 일치하지 않아 상황을 정확하게 확인할 수는 없었다. 또한 핸드 캐리로 한국에서 일본으로 촬영본을 이송해 일본에서 위성 송출하는 방법만이 외신이 사용했던 유일한 방법이었는지도 자료가 부족해 확인할 수 없었다.

추가로 접촉했던 취재원은 당시 프리랜서였던 도널드 커크(Donald Kirk) 기자였다. 메일과 전화를 통해 이야기를 나눴다. 도널드 커크 기자 역시 신문 기자였기 때문에 소장 중인 사진이나 영상에 대해서는 긍정적인 대답을 들을 수 없었지만 어떻게 광주에 진입할 수 있었는지에 대해서는 생생하게 들을 수 있었다.

> 저는 시위대(메일 원문에 Protesters라는 단어를 사용하였기에 그대로 인용하였습니다)가 광주를 컨트롤하는 동안 두 번 광주에 들어갔습니다. 두 번 다 택시를 타고 뒷길로 들어갔는데 이 뒷길은 기자들이 아는 길이었습니다. 저는 기자들과 같이 도시 바깥의 여관에서 묵었습니다. 제가 타고 들어갔던 택시가 그 독일 기자(유르겐 힌츠페터)가 탔던 택시랑 같았을 가능성이 있습니다. 아니더라도 매우 비슷한 택시였습니다. 도시로 들어가는 데는 어려움이 없었습니다. 시위대가 본부로 사용하고 있던 도지사 사무실을 방문했고 프레스 카드를 발급받았습니다. 갖고 있었는데 잃어버렸어요. 그 리더 중에 한명은 영어를 잘 했고 대단한 브리핑을 했습니다. (그는 살아남지 못 했습니다) 저는 5년 전에 다른 기자들과 그의 아버지를 찾아갔습니다. 한국의 미디어가 사진을 찍었습니다.
>
> 제가 사진을 찍는 사람이 아니어서 사진은 하나도 없고 저를 찍어달라고도 하지 않았습니다. 저는 이야기를 채우는데 완전히 집중하고 있었습니다.

해외 취재는 비단 외신 기자들만을 대상으로 한 것이 아니었다. 방송을 준비하면서 1980년 5월 당시 한국, 특히 광주와 관련된 내용을 방송했던 미국의 NBC, CBS, NBC와 독일 NDR에도 당시 방송분에 대해 문의했다. 당시 기자들의 도움으로 1980년 당시 현장 상황이 얼마나 급박하게 돌아갔는지에 대해 몰랐던 상황들을 많이 알게 되었지만, 어떤 보도가 최종적으로 전파를 탔는지, 당시 영상들을 보관하고 있는지, 촬영 원본이 있는지는 방송사에 확인해야할 일이었다. 이미 41년이 지난 사건이고, 당시의 뉴스들 전체가 되어있지 않기 때문에 각 방송사도 검색에 한계가 있었고, 방송본과 촬영 원본의 존재를 거듭 확인하는 작업이 반복되었다.

가장 확인하고 싶었던 자료는 1980년 5월 19일 금남로에서 있었던 시민들과 계엄군의 대치 상황의 촬영 원본이었다. 국내에서는 해당 일자의 상황이 방송되지 않았고 취재도 불가능했다는 이야기를 들었는데, 미 CBS가 5월 19일 상황을 뉴스로 보도했고 광주시 동구청 상황일지에도 CBS 기자가 현장을 촬영했다는 기록이 있었기 때문에 촬영 원본이 아직 남아있을 수도 있겠다는 생각이 들었다. 취재 기자들의 말처럼 당시 송출이 급박하게 진행되면서 여러 방송사의 촬영 원본이 뒤섞였거나 소실되었을 가능성도 고려해야 했다. 결국 CBS의 5월 19일 촬영 원본은 확보할 수 없었다.

행운은 다른 곳에서 찾아왔다. 미 ABC 뉴스팀과 방송된 뉴스 클립을 확인하던 중 우연히 촬영 원본을 발견한 것이다. 하나의 방송사에서 방송했던 영상을 확인하는 것에도 여러 기관과의 협업이 필요한데, 시간이 지나며 부서가 달라지고 자료가 다른 기관으로 이관되면서 관할이 흩어졌기 때문이다. ABC 뉴스 팀에서 받은 31개의 당시 뉴스 클립 목록을 확인하던 중 아카이브 팀과도 연락이 닿았다. 아카이브 팀에서 보관하고 있다는 클립은 5월 1일자와 6월 30일자 방송분 두 개. 5월 18일과 멀리 떨어진 날짜였지만 아카이브 팀의 자료가 무엇인지 확인이 필요했다. 사전 조사를 위해 읽었던 논문을 통해 미 ABC가 1980년 5월 26일, 27일에도 광주 관련 기사를 방송했다는 것을 알고 있었기 때문에 아카이브 팀에 해당 기사들에 대해 확인을 한번 더 부탁했다. 두 팀과 협업한 끝에 5월 26일 방송분인 Kwang ju riot, 5월 27일 방송분인 Kwang ju riot aftermath 뉴스 클립과 민주화운동 기간 ABC가 촬영했던 날짜가 뒤섞인 촬영 원본을 확보할 수 있었다. 촬영 원본에서의 수확은 1분 이상 여러 각도로 촬영된 5월 26일의 '죽음의 행진'과 그 이후 군의 반응을 담은 영상이었다. 그 동안 아주 짧은 영상으로만 당시의 상황을 확인할 수 있었지만 이번에 발굴한 영상을 통해 당시 비장한 수습위원들의 모습과 탱크의 머리를 돌리고 도로를 막았던 철조망을 걷는 군인들의 모습, 환호하는 시민들의 모습을 생생하게 확인할 수 있었다.

이번 외신 기자 취재와 1980년 당시 외신 방송, 해외 자료를 수배하며 기억을 모으고 확인하는 일이 얼마나 중요한지 다시 한 번 느꼈다. 5·18민주화운동 뿐만이 아니다. 그리 오래된 과거가 아니고, 매우 강렬한 사건임에도 다수의 현대사 사건 현장에 계셨던 많은 분들의 기억이 이미 희미해지고 있으며 현장을 목격한 많은 분들과 현장을 기록한 자료들이 우리 곁을 떠나고 있다. 하루라도 빨리 사건 관계자를 취재하고 관련된 자료들을 모아 사실을 확인하고 기록하는 것이 과거의 사건을 있는 그대로 다음 세대에 전할 수 있는 방법일 것이다.

다시 한 번 협조해주신 모든 기자분들과 해외 방송사, 자료 확인과 수급에 오랜 시간이 걸리는 작업을 지원해주신 다큐멘터리 제작팀에 감사드린다.

PART 05

다큐 인사이트

5·18 외신목록 & 뉴스 스크립트

오월의 기록

[5·18 사건 당시 방송했던 외신 목록 _ NBC]

1. MILITANT DISRUPTIONS IN SOUTH KOREA

방송날짜: 1980. 05. 22/사건 발생 날짜: 1980. 05. 21
프로그램 명: Today Show/리포터: Jim Upshaw

2. SOUTH KOREAN ARMY SURROUNDS KWANGJU IN AN ATTEMPT TO RECONTROL THE CITY

방송날짜: 1980. 05. 22/사건 발생 날짜: 1980. 05. 22
프로그램 명: Nightly News/리포터: Jim Upshaw

3. SOUTH KOREAN SOLDIERS CONFRONT MILITANTS IN KWANGJU

방송날짜: 1980. 05. 27/사건 발생 날짜: 1980. 05. 26
프로그램 명: Today Show/리포터: Jim Upshaw

4. GOVERNMENT TROOPS MOVE INTO KWANGJU

방송날짜: 1980. 05. 27/사건 발생 날짜: 1980. 05. 26
프로그램 명: Today Show/리포터: Leonard Pratt

5. KWANGJU SEIGE ENDS IN DEATH FOR REBELS

방송날짜: 1980. 05. 27/사건 발생 날짜: 1980. 05. 27
프로그램 명:Nightly News/리포터: Jim Upshaw

1. MILITANT DISRUPTIONS IN SOUTH KOREA

1980년 5월 22일 방송

5월 21일 촬영본. 광주기독병원 안팎이 부상자들로 인산인해를 이룬다

한국에서는 Jim Upshaw가 보도한 것처럼, 특히 광주라는 도시에서 엄청난 지각 변동이 일어나고 있다.

리포트 광주는 거의 하룻밤 사이에 세상에서 가장 위험한 도시가 되었다. 온갖 종류의 사람들이 미제M16 라이플과 한국의 군용 창고에서 들고 온 수천 개의 다른 무기들을 들고 거리를 채우고 있다. 징집된 군용 트럭이 천천히 배회하며 국기를 흔들고 계엄령 반대 슬로건을 외치고 있는 무장한 젊은이들을 태우고 있다. 그러나 이것을 정치적 움직임이나 소요라고 부르기에는 너무 거칠고 정돈되지 않았다. 병원들은 군대와 대치할 때 총상을 입은 사람들과 총검에서 입은 상처를 가진 사람들로 넘쳐나고 있다.

적어도 한번은 시위대에게 발포가 있었고 꽤 많은 인원이 죽었다. 군인과 경찰들도 몇 죽었고, 시민과 시민의 충돌도 있었다. 아직 정확한 시신의 수를 셀 수 없는 상황이다. 이 사건이 커지게 된 것은 한국의 남서쪽 지방인 광주가 정부와 오랜 고정관념을 갖고 광주 사람들을 2등급 시민이라고 여기는 사람들에게 가진 슬픔에서 비롯한 것으로 보인다. 그러나 한편에는 북한이 이것을 이용하고 있다는 두려움도 있다. 이 피맺힌 시위는 주변 다른 지역까지 확대될 수 있다. 한국 사람들이 걱정하고 있다.

Jim Upshaw, NBC News

2. SOUTH KOREAN ARMY SURROUNDS KWANGJU IN AN ATTEMPT TO RECONTROL THE CITY

1980년 5월 22일 방송

한국의 광주에서 반정부 폭력 시위가 일어난 지 5일이 지났다. 대학생들이 이끄는 시위대는 경찰과 군인들을 납작하게 만들었다. 어제 시위대는 도시에 대한 통제를 장악했다. 오늘 학생 대표들은 도시에 들어온 군인들과 휴전을 조율했고 오늘 밤 그들은 시위대에게 무기를 내려놓도록 할 계획이다. Jim Upshaw가 오늘 광주는 어떤지 얘기한다.

리포트 광주에서 폭력 시위가 일어난 지 5일이 지났지만 아무도 이 유혈사태에 대해 설명하지 못한다. 이 유혈 사태는 의료진들을 도시로 불러들여 군인들에게 총상을 당하거나 총검을 맞은 사람들뿐 아니라 무작위로 다른 시민들에게 공격당한 시민들도 치료했다. 많은 사람들이 죽었다. 시체의 수를 세기에 아직 도시가 너무 위험하기 때문에 얼마나 많은 사람들이 죽었는지는 아무도 모른다. 분명한 조직이 없는 무장한 젊은이들이 훔친 군용 무기와 징집한 차량들을 가지고 거리를 지배하고 있다. 그들은 막강하다. 이곳의 군인들은 아직 그 수가 월등히 많다. 이 모든 것은 지방이 언제나 차별에 고통받고 있다는 점에서 비롯된 반정부 감정에서 시작되었다. 그러나 현재 슬로건은 총보다 덜 중요해졌고 총을 가진 사람들은 군대가 곧 본인들을 향해 올 것이라는 것을 안다. 오늘 군인들은 광주를 둘러싸기 시작했다. 도시로 들어가는 주요 도로는 군인들의 집합지가 되어 마치 이것이 계획된 공격인 것처럼 보인다. 헬리콥터가 휴대용 식량, 무기, 머신건을 가지고 왔다. C123 화물운송기가 더 많은 보급품을 가지고 왔다. 세력을 과시하기 위해 제트기도 날아다녔다. 질린 광주 시민들은 안전하게 도시를 빠져나갔다. 모든 사람이 각자의 이야기가 있다. 이 사람은 원래 학생 시위대가 그가 군인들을 기다리는 동안 머신건을 들고 차량에 탑승하고 있는 더 거친 대중에게 자리를 내줬다고 말했다. 광주에 있는 병력은 벌써 이번주에 시민들에게 공격을 감행해 몇몇을 사살했다. 군대가 대단히 자제를 보이지 않는 한 앞으로 일어날 일은 더 나쁠 것이다.

Jim Upshaw, NBC News near Kwangju

3. SOUTH KOREAN SOLDIERS CONFRONT MILITANTS IN KWANGJU

1980년 5월 27일 방송

먼저, 도시를 일주일 가량 점령하고 있던 시위 세력과 피를 흘린 싸움 후에 오늘 한국 군대가 지방 도시인 광주를 점령한 최근 뉴스를 보자. 광주에서 Jim Upshaw가 위성으로 보도한다.

5월 27일, 건물 위의 계엄군

리포트 밤새 울려 퍼진 산발적인 사격 후에 전투는 새벽4:05에 시작되었다. NBC 카메라는 군인들의 근거지에서 500야드(약46미터) 떨어진 비교적 안전한 호텔에 자리잡고 전투 장면을 가능한 잘 찍었다. 날이 밝으면서 많은 수의 군인들이 더 가까이 들어갔고 탱크가 진입하면서 발포와 수류탄 투척이 이뤄졌다. 오전 6시 경 도시 점령은 거의 정리되었지만 군인들은 여전히 얼마 남지 않은 스나이퍼를 주시하며 거리를 감시하고 있다. 몇 분 후 모든 저항은 끝났고 사상을 입은 광주 시위대만 남았다. 어제 몇몇의 한국의 교수들이 "무장 세력은 한국에 민주 개혁을 이룰 수 있다면 몇 달이고 협상 기간 동안 버티고 있을 것"이라고 걱정 어린 조언을 했다. 교수들이 생각하지 못 한 부분은 정부의 인내심이 생각보다 빠르게 바닥날 수 있으며 오늘 아침에 정부 인내심이 바닥났다는 점이다.

Jim Upshaw, NBC News Kwangju, South Korea

4. GOVERNMENT TROOPS MOVE INTO KWANGJU

1980년 5월 27일 방송

오늘 아침 한국에서 정부 군대가 계엄령에 대한 시위 세력이 가장 강한 도시인 광주를 통제했다. Leonard Pratt이 보도한다.

리포트　월요일, 반체제 인사들과 계엄령 사령관이 이곳에서 대화를 결렬한 이후 한국 정부 군대가 광주로 들어가기 위한 교두보를 건설했다. 그들은 한국에서 계엄령을 끝낼 것과 몇 가지 지역적인 논점을 들어줄 것을 요구했다. 군대는 단단하게 구축된 방어 바리케이트 뒤에서 하루 종일 도시를 주시했다. 헬리콥터는 시위 세력에게 항복하라고 호소하는 선전지를 뿌렸다. 한 정찰병이 도시 안에 잠입한 후 군대는 무장 병력을 태운 차량을 정찰을 위해 운용하기 시작했다. 밤이 되면서 그들은 시위 세력을 위한 마지막 공격을 준비했다. 이른 아침, 군대는 도시로 진입했지만 여전히 발포가 있었고 정부가 도시를 완전하게 통제하는 것은 쉽지 않아 보인다. 현재 군대는 광주를 순찰하며 모든 곳에 구덩이를 파고 정찰 헬리콥터를 운용하고 있다. 군인들은 수상해 보이는 모든 사람들의 신원을 확인하고 있고 벌써 수백명의 사람들을 체포했다. 적은 수의 시위 세력이 도시 안에 남아있는 동안 친정부 세력도 얼마간 남아있을 것이다. 시위 세력은 거의 300명이 광주 시위 중에 죽었다고 주장했다. 그리고 그 수가 정확하든 아니든 이곳의 많은 사람들은 사망자 수가 그에 달할 것이라고 믿는다.

Leonard Pratt, NBC News in Kwangju South Korea

5. KWANGJU SEIGE ENDS IN DEATH FOR REBELS

1980년 5월 27일 방송

한국에서, (시위가) 적어도 지금까지는 광주 전역에 퍼지고 있다. 시위가 일어난 지 9일이 지난 지금 군부는 도시를 장악했고 공식적인 사망자 수는 19명이다. 17명의 시민과 2명의 군인으로, 월요일 동트기 전 도시를 공격했던 부대에 속한 군인들이다. Jim Upshaw가 광주에서 보도한다.

리포트　　광주 포위는 한국의 한 도시를 일주일 정도 통치했던 젊은 시위 집단의 죽음으로 끝났다. 광주의 시위 세력에게 주어진 시간은 어젯밤에 끝났다. 수천 명의 군인들이 도시를 둘러싸고 진입하기 시작했다. 이를 알아채고 시위 세력은 군 정찰대와 밤새 전투했다. 새벽 4시경 거리에는 총소리와 수류탄 터지는 소리가 울렸다. 군인들이 군 주둔지로 가까이 이동하고 전투는 격해졌다. 직후인 새벽 6시, 싸움이 종료되었다. 군인들과 탱크들은 광주를 되찾았다. 약 300여 명의 사람들이 체포되었다. 많은 사람들이 부상을 입었다. 정부는 이 시위 세력에 대해 공산주의 북한이 남한으로 침투한 것이라고 말했다. 시위 세력은 그들이 계엄령과 이 국가를 통제하고 있는 장군을 거부하는 애국자라고 주장했다. 군인들은 광범위한 지원을 받고 있다. 어제 몇몇의 한국의 교수들이 "무장 세력은 한국에 민주 개혁을 이룰 수 있다면 몇 달이고 협상 기간 동안 버티고 있을 것"이라고 걱정 어린 조언을 했다. 교수들이 생각하지 못 한 부분은 정부의 인내심이 생각보다 빠르게 바닥날 수 있다는 것이다. 그리고 이 부분은 오늘 선명한 폭력으로 드러났다.

Jim Upshaw, NBC News Kwangju South Korea

[5·18 사건 당시 방송했던 외신 목록 _ CBS]

1. Korean Martial Law

    방송날짜: 1980. 05. 18 / 리포터: Bruce Dunning

2. Student Demos

    방송날짜: 1980. 05. 19 / 리포터: Bruce Dunning

3. South Korea Today

    방송날짜: 1980. 05. 22, 1980. 05. 23 / 리포터: Bruce Dunning

4. Student Demos

    방송날짜: 1980. 05. 23 / 리포터: Bruce Dunning

5. Today's status Kwangju waits

    방송날짜: 1980. 05. 25

6. Kaung ju

    방송날짜: 1980.05.26 / 리포터: Peter Collins

7. Kwangju is quiet

    방송날짜: 1980.05.27 / 리포터: Peter Collins

1. Korean Martial Law

1980년 5월 18일 방송

계엄령이 전면적으로 시행되었음에도 불구하고 남한에서 산발적인 학생 모임들이 폭력적인 시위를 계속하고 있다. 한 도시에서는 오늘, 광주의 폭도들이 2곳의 파출소를 부수고 군용 차량을 망가뜨렸다. 한국은 6개월 전 박정희 대통령이 암살된 이후부터 일부가 군부의 통제하에 있었다. 이제 온 나라가 완전히 군부 통제 하에 있다. Bruce Dunning이 보도한다.

리포트　　군이 밤새 들어와 공공기관 건물과 대학 캠퍼스들에 주둔군을 배치했다. 권력을 가진 장군은 한국 사람들이 다시 갖게 된 몇 개의 자유를 박탈시켰고, 대학을 영원히 닫았고, 몇몇 한국인들이 말하는 것처럼 1961년 박정희가 권력을 잡았을 때로 나라를 되돌려 놓았다. 마지막으로 남아있던 민주적 지도자는 최규하 대통령이다. 그는 지난주의 대규모 시위 때문에 일정을 당겨 금요일 밤에 해외 순방에서 귀국했다. 이 환영 인파 중에 시위대의 타겟이자 정권을 탈취한 군인인 전두환이 있었다. 현재 그는 한국에서 가장 영향력 있는 사람이다. 한편 최규하가 돌아올 때 쯤 시위는 끝나고 있었고 작은 규모의 학생들이 집회를 이어가고 있었다. 학생들의 목표는 여전히 동일하다. 계엄령을 끝낼 것과 전두환 장군을 그의 두 가지 보직인 계엄사령관과 중앙정보부장에서 축출하는 것이다. 학생 대표들은 그들의 다음 행보를 고심하기 위해 만났다. 회의는 24시간동안 진행됐고 토요일 저녁, 전투경찰이 건물을 둘러쌌고 참가 인원의 절반 정도를 체포했다. 경찰이 다른 사람들을 수색하고 있는 상황에서 국가의 시민 의회는 학생 시위 규모가 커질 것에 대한 두려움 때문에 그들의 모든 군부에 대한 권력을 포기하는 것에 투표했다. 정권 탈취 이후, 국가의 거의 모든 주요 정치적 인물이 체포되었다. 군부의 정권 탈취는 반복해서 한국의 민주 개혁을 주장하던 카터 정권 또한 강타했다. 장군은 지난주 몇 건의 북한 군인들의 비무장지대 정찰 사건이 연속으로 발생하면서 더욱 긴장했다. 이것은 장군에게 그들이 시작하지 않기를 원하는 민주화 운동에 간섭할 수 있는 변명거리를 주었다.

Bruce Dunning, CBS News Seoul

2. STUDENT DEMOS

1980년 5월 19일 방송

반정부 시위가 일어난 지 일주일 만에 한국 군부가 국가의 거의 모든 부분을 통제했다. 오늘 군부는 국회와 양당의 당사 폐쇄를 명령했다. 이 움직임은 계엄령 하에서 군부 축출을 위한 의회의 계획을 저지하기 위한 것이다. 특히 서울에서 150마일 떨어진 광주에서 군부에 반대하는 폭력적인 움직임이 있었다. Bruce Dunning이 보도한다.

5월 19일, 경찰은 금남로 교통을 차단했고 계엄군이 시내 곳곳에 배치돼 시민들에게 해산을 종용한다

리포트　　군부의 정권 탈취에 대항하는 1000여 명 가량이 시위를 진행한 다음날 아침, 광주에는 희망과 적대감이 뒤섞여 있다. 시위 경찰과 낙하산 부대원들이 호기심 어린 사람들이 가득한 주요 도로를 봉쇄했다. 그 후 더 많은 군인들이 거리로 쏟아져 나와 무리를 해산시켰고 사람들을 뿔뿔이 흩어 놓았다.
탱크는 임무 도중 시위대가 던진 돌과 거리 양쪽 빌딩 옥상의 창문에서 날아온 병에 의해 금이 갔다. 부상자들은 길 양쪽에서 피를 흘렸다. 군부가 권력을 잡은 것에 대한 적대적인 반응이 시작된 지 겨우 이틀 째다. 보통은 조용한 광주가 특히 들고 일어난 것은 이 지역이 오래된 반체제 인사 김대중의 고향이기 때문이다. 김대중은 20여 명의 전도유망한 정치적 인사 중 하나로, 토요일 저녁 군부에 의해 체포되었다. 싸움이 격해지는 도중에도 더 많은 군인들이 들어온다. 이것은 조직된 시위가 아니라 학생은 물론이고 모든 연령과 직업의 사람들이 분노에 일어 진행된 것이다. 군인들은 그들을 부수기로 결정했다. 군인에게 체포된 누구에게도 자비가 베풀어지지 않는다. 시위대를 파괴하는 데 군인들에게 그렇게 오랜 시간이 걸리지 않았다. 현재 정권을 장악한 장군들에게 반대파나 반항하는 자들에게 가질 인내심도 없어 보인다.

Bruce Dunning CBS News Seoul

3. SOUTH KOREA TODAY

1980년 5월 22, 23일 방송

반싸움이 시작된 지 4일 후, 반대 세력은 한국의 지방 도시인 광주와 주변을 확실하게 통제하고 있는 것으로 보인다. 반대 세력은 지난주 일어난 군부의 정권 장악(서울 정부 장악)과 전국에 내려진 계엄령 시행에 반대하고 있다. Bruce Dunning이 현장에 있다.

리포트 광주에서의 싸움이 너무나 심각해 수적으로 우세한 군대와 경찰 병력이 후퇴하고 도시를 시민들에게 넘겨주어야만 했다. 시민들은 도시에 성공적으로 들어간 서양의 기자들에게 박수와 환호를 보내주었지만 전체적으로 무겁고 위험한 기운이 감돈다. 시위대는 경찰차, 군 트럭, 무장 차량까지 징발했다. 그들은 무기고에 쳐들어갔고 현재 도시의 거의 모든 젊은이들은 장전된 카빈총과 소총으로 무장하고 있다. 무기 공급은 충분한 것으로 보인다. 두드려 맞아서 찌그러진 자동차들은 여기 탄 사람들이 애국자로 생각되도록, 지난 주에 정권을 장악한 장군의 반대편에 섰다는 것이 보이도록 한국 국기를 달고 있다. 20여 명이 시위 도중 사망했다는 소문이 있었는데 사실인 것으로 드러났다. 사망자 다수는 시민들이었고 분명하게 근거리에서 사살되거나 총검에 찔린 것으로 보인다. 이 사건은 한국의 남서쪽 다른 지역으로까지 퍼졌다. 광주의 시위대는 근처 농가에서 원조를 구하며 힘을 얻었다. 시위대를 모집하는 사람들은 징발한 버스와 트럭에 올라 광주 시위에 참여해줄 것을 요청했다. 광주의 사람들은 승리의 기쁨에 상기된 것으로 보인다. 그들은 그들의 요구사항인 계엄령을 끝낼 것과 그들의 정치적 영웅인 김대중을 감옥에서 풀어줄 것을 강하게 요청하고 있다. 장군들은 이것을 받아들일 수 없다는 입장이다. 양측은 협상을 하겠지만, 새로 지명된 총리는 전국 방송에서 빠르게 해결책을 찾아보겠다고 약속했다. 양측은 정부가 도시에 대한 통제를 무력으로 탈환하는 과정이 힘든 싸움이 될 것이라는 것을 깨달은 것으로 보인다.

Bruce Dunning, CBS News

4. STUDENT DEMOS

1980년 5월 23일 방송

전투 준비가 된 수천 명의 한국 군대와 탱크가 광주로 오늘 이동해 도시 진입과 도시 내 저항 세력 진압 명령을 기다리고 있다. 오늘은 지난 주말에 서울 정부를 장악한 군부가 광주를 장악한 이후 도시가 조용한 첫 번째 날이다. Bruce Dunning이 보도한다.

리포트　　광주는 시신를 묻기 시작했다.

5월 22일 촬영본. 상여가 광주를 가로지르고 있다

사람들은 4일 간의 폭력이 인간의 목숨이라는 값비싼 대가를 치렀다는 것을 깨닫기 시작했다. 몇몇은 안치소마다 돌아다니며 익숙하지만 실종된 얼굴을 찾아다녔다. 정부는 사상자의 수가 20명 이하라고 주장했지만 이 한 곳의 구치소만 해도 30구의 시체가 한국 국기에 싸여 있다. 사망자의 수는 백 구를 훨씬 웃돌 것이다. 징발된 지프 한 대는 관을 싣고 다니며 군대가 사람들을 사살했다는 것을 일깨워주고 있다. 심지어 정부 관계자들도 전투경찰과 낙하산 부대원들이 이례적으로 거칠었다고 인정했다. 병원은 고통을 겪는 사람들로 가득 차 있다.

도시 공용 공간에는 불에 탄 차량 등 싸움에서 남은 잔해들이 던져져 있다. 현재 광주 시민들은 잔해 청소를 시작했지만 피해가 심한 건물들은 철거되어야 할 것이다. 대부분의 상점들은 문을 닫은 상태고 상업은 거의 정지되었다. 학생 지도자들은 경찰에게서 획득한 보호장비를 입고 도시 정부 건물(시청? 도청?)을 지키고 있다. 도시 주변부에서는 한국 군대가 위치해 공격 없이 마치 도시를 장악한 듯이 도시를 감싸고 봉쇄했다. 정부는 협상을 통한 해결을 시도하고 있고 대변인은 정부가 양보할 준비가 되어 있다고 말했다. 여기 사람들 사이에는 본인들이 전투경찰에 대항해 이겼다는 감정이 아직 공유되고 있다. 수 천명이 모여서 이야기하고, 김대중을 풀어주고, 계엄령을 철폐하고 새로운 군부의 장군인 전두환을 해임하라는 그들의 요구를 노래하고 있다. 그들은 아직 항복할 준비가 되어있지 않은 것으로 보인다. 도시의 지도자들은 사람들에게 그들이 싸우는 동안 획득한 무기를 버리라고 호소하고 있다.

5월 22일 촬영본. 수습위원들이 시민들을 향해 획득한 무기를 반환하라고 설득하고 있다

무장한 젊은이 무리들은 여전히 도시를 천천히 돌아다니고 있으며 좋은 결과를 위해서는 무기를 반납할 용의가 있다고 들린다. 지금 광주 사람들은 승리에 상기되어 있지만 정부의 인내심이 바닥나면 비극이 시작될 것이다.

Bruce Dunning, CBS News Kwangju, South Korea

5. KWANGJU WAITS

1980년 5월 25일 방송

한국 정부는 오늘 모든 외국인에게 포위당한 도시인 광주에서 가능한 빨리 벗어나라고 호소했다. 약 20 명의 미국인에게 이러한 조언이 전달되었다. 동시에, 정부에 반대하는 저항 세력이 지난 주에 점령한 도시를 군대가 장악했다는 보도가 들려온다. 저항 세력은 정부와의 협상을 결렬했다고 한다. Peter Collins가 보도한다.

리포트　도시의 주요 도로는 여전히 긴장하고 있는 한국 군대의 바리케이트로 막혀 있다. 광주를 둘러싼 군인들과 탱크 소리가 다른 도시들까지 불안에 떨게 한다. 약 1000야드(100미터)의 무인 지대가 두 세력을 갈라놓고 있다. 그러나 폭력이 일어난 지 일주일 후 광주에 평화로운 분위기가 돌아왔다. 청소부들이 일을 시작해 시위에서 나온 잔해들을 치우고 있다. 카빈총으로 무장한 젊은 시위 세력이 거리를 순찰한다. 그들은 경찰에게서 획득한 유니폼을 입고 질서 유지를 위해 시민들을 위한 시민군처럼 역할하는 것으로 보인다. 시민들은 시위하는 동안 무기고에서 3000개가 넘는 무기를 획득했다. 도시 중심에서, 지방 정부 건물은 항복의 의지가 없어 보이는 젊은 저항 세력 무리에 의해 통제되고 있다. 그들은 완전한 사면과 정부가 군대를 보내면서 너무 많은 폭력을 사용했다고 인정할 것을 요구하고 있다. 임시 시신 안치소에는 싸움에서 희생된 49구의 시체가 묻히기를 기다리고 있다.

5월 24일, 광주 상무관 내부에 임시 안치소가 마련되었다

스님들이 친척들을 데리고 재를 지낸다. 감정이 고조될 대로 고조된 상황에서 정부는 기회를 기다리는 것으로 보인다. 시민들의 분위기나 광주는 (시민군이) 다시 통제하기에 아직도 너무나 불안한 것이 분명하게 보인다. 이곳의 쉽지 않은 평화가 더 많은 피를 보고 끝날 것인가에 대해서는 알 방법이 없지만 양측 다 체면을 세우기 위한 탈출구를 바라고 있는 것으로 보인다.

Peter Collins, CBS News Kwangju

6. KWANGJU

1980년 5월 26일 방송

리포트　　목사 한 그룹이 길을 따라 행진해 어젯밤 도시 중심부에 가깝게 들어온 군대와 탱크를 만나기 위해 길을 따라 행진했다. 목사들은 두 명의 장군을 만나 아직 도시를 장악하고 있는 학생들을 포위하는 것에 데드라인을 정해달라고 정부에 요청했다.

5월 26일, 죽음의 행진 후 홍남순 변호사가 수습위원 대표로 군인과 이야기를 나누고 있다

약간의 논의 후 군은 탱크를 철수하는 것이 동의했고 이것은 지켜보는 군중의 응원과 환호를 자아냈다.

5월 26일, 수습위원들의 요청에 따라 탱크를 물리고 철책을 걷는 군인들

학생들은 일주일 넘는 폭력과 불안 속에서도 그들이 여전히 도시를 지키고 있다는 것을 보여주기 위해 거대한 집회에서 자리를 지켰다. 도시 전체에서 이어진 이 행진에는 3만~4만 명이 참가했다.

5월 25일 촬영본. 제3차 민주수호범시민 궐기대회 후 진행된 시내 행진

학생들은 정부가 더 이상의 무력을 사용하지 말라는 그들의 요구에 폭넓은 지지를 강하게 보였다. 도시는 여전히 지난주 싸움의 충격과 폭력에 신음하고 있다. 도청에서는 친척들이 피의 시위에서 발생한 희생자들의 신원을 확인하고 있다. 시민 측에서는 적어도 173명이 죽었고 약 900 명이 부상을 입었다고 파악했다. 한 미국 선교사 그룹은 정부가 모든 외국인에게 떠나라고 경고했음에도 지난주 광주에 남아있었다.

(인터뷰) 다른 지역에서 온 공수부대가 있었는데 그들은 거대 집회에 참가한 학생들을 저지하기 위해 과잉 진압을 했다. 우리는 학생들이 불필요한 모임을 갖는 순간을 보았다. 이것은 충분히 큰 크기의 책임 있는 시민들과 커뮤니티가 이것은 반드시 필요한 일이라고 믿었기 때문에 일어난 일이었다.

도청을 점령하고 있는 학생들은 만약 그들이 항복한다면 닥쳐올 정부의 보복을 두려워하고 있다. 그들은 그들이 무기를 내려놓기 전에 정부가 사면을 확약하기를 기다리고 있다. 만약 군대가 공격한다면 그들은 싸울 것이다.

Peter Collins, CBS News Kwangju, South Korea

7. KWANJU IS QUIET

1980년 5월 27일 방송

9일 동안의 시위에서 비롯된 비극적인 상처 치유를 돕기 위해 한국의 군부 정권이 오늘 광주 시민들을 찾아갔다. 도시를 통제했던 학생 세력에 대항해 군인들이 탱크와 무장 차량으로 백업했다. 동트기 전의 공격이 끝났을 때 계엄령 사령관들은 17명의 시민과 두 명의 군인이 죽었다고 말했다. 광주에서 Peter Collins가 전한다.

리포트 공격은 새벽의 차가운 회색빛 가운데 시작되었다.

5월 27일, 도청 본관과 도 경찰국 본관 진압 당시 상황

군부대가 학생들이 저항하고 있는 지방 정부 건물로 진입하면서 일제사격 소리가 지붕 위로 넘어가 울렸다. 싸움의 가장 최악이었던 부분은 두 시간 안에 군인들이 모든 집을 수색하며 길거리로 나오려는 얼마 남지 않은 시민들을 모두 확인하는 동안 저항군 저격수의 두려움은 지속되었다. 한 젊은이는 길거리에 지나가는 누구든 용의자라고 분명하게 믿고 있는 군인에게 골목에서 체포되어 감옥으로 갔다. 많은 수의 탱크와 수천 명의 군인들이 학생들에 대한 마지막 공격에서 뿐만 아니라 도시 전체에서 거대한 병력을 자랑했다. 저항 세력이 적은 수의 군인들을 압도했던 지난 주와 대비되게 이번에는 군인들이 틈을 주지 않았다. 헬리콥터는 주위

보안을 확인한 후 작전을 책임지는 장군을 내려주었다. 군대는 약 200 명의 젊은이들을 잡았고 대부분은 대학생들이었다. 죄수들은조사를 위해 군부대 근처로 이송되었다. 심하게 훼손된 주정부 건물 뜰에는 부상자들이 죽거나 다친 채로 누워있었다. 군인들이 저항 세력을 소탕하는 동안 더 많은 수의 죄수들이 끌려 나와 야만적으로 묶였다. 오늘 사용된 힘과 폭력은 일주일 전 시작된 이 계엄령을 끝내려는 평화로운 요청을 위한 대이변 사건(광주 사태) 중 최고조였다. 학생들은 무기고에 침입하고 수천 개의 무기를 손에 넣고 저항 세력을 부수려는 군의 첫 시도 이후 도시를 6일 동안 점령했다. 결국 협상은 결렬되었고 학생들은 항복하라는 최후 통첩을 무시했다. 이 모든 것이 끝난 후 한 군 대령이 마지막 공격에 대해 얘기했다.

"우리는 매우 쓰디쓴 싸움을 했다" "당신이 여기서 쓰디쓴 싸움을 했군요" "그들이 총을 쏴 반격했습니까" "그들이 먼저 총을 쏴 공격했습니다" "그들이 먼저 당신을 향해 총을 쐈다고요?" "네"

80만 명이 살고 있는 이 도시의 거리는 여전히 완전한 통행금지가 걸려 있고 군부는 학생 시위 초기에 강하게 그들을 지지했던 시민들의 지지를 얻어야 하는 상황에 직면해 있다. 여기에서 일어난 소요는 군부에 대한 적대적인 반응이었다. 이미 지나간 쓰디쓴, 피가 낭자한 시기는 분명 이후 열정에 불을 붙일 것이고 이곳의 평화는 잠깐일 것으로 보인다.

Peter Collins, CBS News, Kwangju South Korea

[5·18 사건 당시 촬영원본 목록 _ ABC] 스크립트 없음

1. Kwang ju Riot

방송날짜: 1980. 05. 26

2. Kwangju Riot Aftermath

방송날짜: 1980. 05. 27

ABC
촬영 원본

1980년 5월 27일 방송

5월 26일, 죽음의 행진

5월 20일, 가톨릭센터 앞에서 시민, 학생 10,000여 명이 시위, 농성하고 있다

PART 06

다큐 인사이트

5·18 전후사

오월의 기록

안병하 전남도경국장 취임

영상 QR

1979년 2월 20일 고 안병하 전남도경국장의 취임식. 그는 1980년 5월 14~16일 일어난 학생들의 민족·민주화성회에 온건하게 대처하고 사고 예방에 힘썼다. 18일 시내에서 벌어진 시위도 인명피해를 방지하고 공수부대의 과잉진압에 동조하지 말도록 지시했다. 이후 신군부의 무력진압을 거절한 이유로 27일 합동수사본부로 연행됐고 자진사표를 조건으로 풀려났다. 이때 받은 고문의 후유증으로 1988년 10월 사망한 그는 2006년 명예가 복권되었고 국립현충원에 잠들었다.

전남대 민속문화연구회(탈춤반) 공연

영상 QR

1980년 4월 16일 전남대 총학생회 부활과 4·19혁명 20주년을 기념하기 위해 학생회관 중앙홀에서 열린 공연. 민속문화연구회(탈춤반)이 봉산탈춤 중 팔먹중 과장과 기생관광문화를 비판하기 위해 제작된 소리굿 '아구'를 공연했다. 이처럼 문화 서클은 관객들과 하나로 어우러져 공동체 정신을 일깨우고 풍자에서 이어지는 비판정신을 통해 관중의 의식을 높이고자 했다.

반민족·반민주세력 장례식

10·26사건 이후 유신체제가 끝나고 민주화를 향한 열망이 고조되었다. 전남대에선 유신의 잔재를 청산하려는 첫 시도로 복적생들이 어용교수 백서를 발표하고 이들의 퇴진 및 자숙을 촉구했다. 해당 교수들이 사퇴를 거부하자 5백여 명의 학생들이 어용교수 퇴진집회를 열고 5월 1일부터 211명이 단식에 돌입했다. 이 과정에서 총학생회는 학내민주화운동을 교외투쟁으로 전환하고자 3일 농성과 단식을 종료하고 '반민족·반민주 세력 장례식'을 거행했다.

영상 QR

행사의 마지막에 본관에서 인문대 가는 길 옆에 입비식을 했는데 비석엔 다음과 같은 문구가 새겨져 있었다. 죄없는 민중과 학생들 / 억압의 혼 반민족·반민주의 / 망령들 / 여기 영구히 묻히다 - 단기 4513.5.3 / 전남대 학생 일동 이날의 행사는 학내민주화운동이 정치민주화운동으로 발전하는 전환점이 되었다.

조선대 학원민주화운동

영상 QR

유신체제가 종식되자 조선대에서도 3월 학원자율화추진위원회를 결성하여 박철웅 총장 퇴진과 학원자율화를 요구했다. 그러자 5월 3일 교직원과 축구부원, 폭력조직원 등을 동원해 중앙도서관에서 연좌시위를 하고 있던 학생들을 폭력으로 진압하는 사건이 발생한다. 이에 분노한 학생들이 그들이 타고 있던 버스를 저지시키고 있는 모습이다. 이 사건을 계기로 많은 학생들이 참가하여 조직적인 시위를 이루고 이후 조선대학교민주화투쟁위원회를 중심으로 민주정부 수립과 신군부 집권 저지를 위한 민주화 투쟁으로 전환되어 5월 7일부터 도청 앞으로 진출하여 매일 시위를 계속하였다.

민족·민주화성회 (전남대)

신군부의 집권 음모가 본격화되자 전남대 총학생회는 구체제의 잔재를 청산하고 민주화를 위한 방향을 제시하는 의미에서 거교적인 대회를 개최하기로 결의한다. 5월 8일부터 14일까지 진행된 민족·민주화성회는 8일 의과대학생들이 의대캠퍼스에서 시국성토대회를 마치고 대강당에 합류함으로써 시작되었다. 이날 전남대 총학생회와 조선대 민주투쟁위원회는 제1공동시국선언문을 발표하여 비상계엄의 즉각 해제를 요구하고 이 요구가 관철될 때까지 어떠한 행동도 불사할 것임을 선언했다. 이후 교내에서 각 단대별로 일정에 따라 민주화성회가 이어졌다.

영상 QR

민족·민주화성회

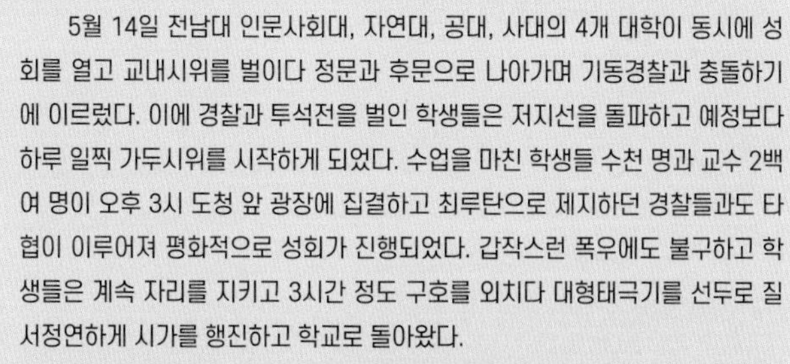

5월 14일 전남대 인문사회대, 자연대, 공대, 사대의 4개 대학이 동시에 성회를 열고 교내시위를 벌이다 정문과 후문으로 나아가며 기동경찰과 충돌하기에 이르렀다. 이에 경찰과 투석전을 벌인 학생들은 저지선을 돌파하고 예정보다 하루 일찍 가두시위를 시작하게 되었다. 수업을 마친 학생들 수천 명과 교수 2백여 명이 오후 3시 도청 앞 광장에 집결하고 최루탄으로 제지하던 경찰들과도 타협이 이루어져 평화적으로 성회가 진행되었다. 갑작스런 폭우에도 불구하고 학생들은 계속 자리를 지키고 3시간 정도 구호를 외치다 대형태극기를 선두로 질서정연하게 시가를 행진하고 학교로 돌아왔다.

이후 5월 15일부터 타 대학의 학생들까지 가담하여 16일 3만여 명의 학생들이 집결한 가운데 횃불시위로 대미를 장식하게 되었다. 횃불시위는 군사쿠데타에서 유신독재로 이어진 18년간의 암흑을 민주화의 횃불로 밝히겠다는 의지로 기획했고 안병하 전남도경국장의 협조와 총학생회의 철저한 관리 하에 안전하게 진행되었다.

영상 QR

불교 사상강연

영상 QR

1980년 5월 17일 광주 시민회관에서 열린 불교 사상강연. 법정 스님과 지선 스님이 보인다.

광주교도소

영상 QR

계엄사령부는 5.18민주화운동을 김대중의 배후조종으로 일어난 사태라고 규정하고 정동년을 비롯한 175명을 내란음모 및 포고령 위반으로 계엄보통군법회의에 기소했다. 이중 5명은 사형, 7명은 무기징역, 나머지는 징역 20년에서 5년까지 이르는 실형과 집행유예를 선고받았다. 이들은 수사과정에서 무자비한 고문과 거짓증언 강요에 시달렸고 80년 10월, 81년 4월, 82년 12월 차례차례 석방되었다. 81년 4월 3일 광주교도서 앞에서 찍은 이 영상엔 문장우, 양강섭(전남대 총학생회 총무부장), 전옥주, 송기숙(교수), 김준봉(투쟁위원회 조사반장), 전용호, 송선태(현 진상규명위원회 위원장) 등이 보인다.

5·18민주화운동 2주기 추모예배

영상 QR

82년 5월 18일 광주 YWCA회관에서 열린 민주영령추모예배를 저지하는 경찰들. 당시 기독교청년협의회 7대 회장이었던 김영진 전의원을 비롯해 예배에 참석했던 18명이 예배를 마치고 나가자마자 백골단에 의해 강제 연행되었고 이중 김영진과 김경식 목사가 구속되었다.

PART
07

다큐 인사이트

5·18 영상기록물 연구

오월의 기록

KBS 다큐멘터리 〈영상아카이브-오월의 기록〉에 담긴 5·18민주화운동 영상기록물 연구

김정아(건국대대학원 통일인문학과 박사수료)

Ⅰ. 서론

5·18 영상기록물[1]은 5·18의 진실을 세계에 알리고 87년 6월항쟁의 도화선이 되는 등 5·18민주화운동의 진실 규명과 한국 사회의 민주화운동 발전에 중요한 역할을 해 왔다. 80년 5월을 기록한 영상기록물은 많은 부분 외신 기자들에 의해 촬영되었고, 이를 바탕으로 해외 방송사에서 뉴스를 제작·방영했다. 국내는 언론 통제로 인해 진실을 알리는 것이 불가능한 상황이었다. 1986년 이후 교포들에 의해 해외 방송사의 뉴스 화면이 다큐멘터리로 재편집되어 국내에 반입되었다. 소문으로만 전해지던 광주의 상황이 날것 그대로의 영상으로 공유되면서 국민들의 마음을 뒤흔들었다.

5·18민주화운동 기록물 연구는 민주화운동기념사업회 사료관 소장 기록물 연구, 5·18민주화운동 기록물의 분류에 관한 연구, 인권의 관점에서 5·18민주화운동 기록물의 가치를 논한 연구, 5·18민주화운동 기록의 생성과 유통을 다룬 연구 등으로 대별할 수 있다.[2] 그러나 이들 연구는 주로 문헌 기록이 분석의 중심이 되고 영상 기록은 거의 다루어지지 않았다.

현재 5·18민주화운동과 관련된 영상물 중 가장 많은 연구가 이루어지고 있는 분야는 영화이다. 5·18을 소재로 한 대표적인 픽션 영화는 〈꽃잎〉, 〈화려한 휴가〉, 〈26년〉, 〈택시운전사〉 등이 있고, 다큐멘터리 영화로는 〈김군〉, 〈광주비디오 사라진 4시간〉 등이 있다. 5·18을 소재로 제작된 영화들을 분석한 연구는 주로 영화의 내용 분석과 영화 간 비교 연구가 주를 이룬다.[3]이에 비해 영상 기록을 편집하여 제작한 TV 다큐멘터리와 TV뉴스에 대한 연구는 매우 소략한 실정이다.[4]

2000년대에 들어서면서 국내 역사 연구에서는 문헌 기록 중심의 역사 연구에서 벗어나 사진과 영상 기록, 방송물, 영화 등으로 사료의 범위를 확장시키고자 하는 '영상역사학'이 등장했다.[5] 한 사회의 생산물은 그 자체가 모두 사료라고 할 수 있으며, 사진과 영화가 발명된 19세기 후반 이후에는 영상 매체가 주요 사료 중의 하나가 된다.[6]사진, 기록 영상, TV 영상물, 영화 등 새로운 매체의 영상 이미지는 시대의 지배적인 문화 매체로 부상했고, 이러한 변화가 학술 연구에도 직접적인 영향을 미치게 된 것이다.[7] 허은은 영상 자료는 과거에서 현재로 다양한 의미를 송신하는 이들을 대변하며, 그들의 정서를 느끼고 읽을 수 있는 매우 중요한 자료로, 억압적 체제에 저항한 이들이 남긴 과거를 현재에서 새롭게 확인하고 이해할 수 있는 중요한 사료로 활용될 수 있다고 보았다.[8]

2000년 정근식, 민형배에 의해 5·18민주화운동 영상기록물에 대한 본격적인 연구가 시작되었다.[9] 이 논문에서는 1980년 당시 독일과 일본에서 방송된 프로그램을 중심으로 소개하고, 1987년 이후 국내에서 소개되거나 방송된 다큐멘터리 프로그램, 드라마와 영화들을 비교 분석했다. 2003년 정근식은 「항쟁의 기억과 영상적 재현: 5·18 다큐멘터리의 전개 과정」[10]에서 각 시기별로 제작된 다큐멘터리의 제작 연도, 제작자, 제작 과정과 소비에 대해 살펴보았다. 이후 5·18민주화운동을 촬영한 원본 영상 기록이나 다큐멘터리에 관한 연구는 천주교계가 80년 5월 광주를 촬영한 영상기록물을 수소문했고, 장용주 신부에 의해 입수된 독일 영상을 편집, 전국 각지에서 상영하여 광주의 진실을 알리는 과정이 담긴 연구가 있을 뿐이었다.[11] 영상기록물에 관한 연구는 2019년에서야 5·18민주화운동기록관에서 새롭게 수집한 72분 영상에 대해 분석한 연구가 나왔다.[12] 이처럼 5·18민주화운동 영상기록물의 아카이빙 현황, 내용 분석 연구는 매우 부족한 실정이다.

영상이 사람들에게 가장 강력하게 다가가는 매체임에도 불구하고 5·18 영상기록물에 대한 연구가 부족한 것은 현실적으로 여러 가지 어려움이 존재하기 때문이다. 첫째, 현재 광주민주화운동과 관련된 촬영 원본은 주로 방송사들이 소장하고 있고, 주로 비공개 상태이므로 연구자들이 접근하기 어렵다. 둘째, 당시 촬영된 영상들의 메타 데이터 정리가 완전하게 되지 않은 채 보관되고 있기 때문에, 연구자들이 영상 기록에 대한 정확한 정보를 파악하기가 쉽지 않다. 셋째, 영상 속 장소가 언제 어디에서 누구에 의해 촬영되었는지 판독하기 어려운 기록들이 많기 때문에, 영상 기록을 판독할 수 있는 전문적인 분석 역량이 필요하다. 이러한 어려움에도 불구하고 영상기록물이 주요 연구 자료로 급부상하는 디지털 시대의 현실은 영상 기록에 대한 보다 체계적인 정보 제공과 분석을 요구하고 있다.

영상기록물에 대한 정보 공유와 연구 부족은 5·18민주화운동 관련 다큐멘터리 및 편집 영상의 오용사례로 나타났다. 인터넷 플랫폼에 올라온 영상물 중에는 영상 기록으로 진실을 왜곡하는 '가짜뉴스'[13] 사례도 다수 발생하고 있는 실정이다. 그러므로 영상 기록에 대한 정확한 출처와 제작 배경, 내용을 밝히는 기초작업이 반드시 이루어져야 한다.

필자는 2021년 5월 KBS에서 제작, 방송한 〈영상아카이브-오월의 기록〉 제작 과정에 참여했다. 그 과정에서 5·18 영상기록물의 생산처와 소장처, 기록물의 제작 배경과 일시, 내용을 파악할 수 있었고, 국내의 5·18민주화운동 관련 편집다큐멘터리 제작과정에서 영상 기록에 대한 많은 오독과 잘못된 배치가 있음을 확인했다. 이에 본 논문은 5·18 영상기록물의 생산처와 소장처 및 제작 배경과 일시, 내용을 밝혀 5·18 영상기록물 기초 자료 아카이빙의 의미를 두고자 한다.

2장에서는 〈오월의 기록〉이 영상아카이브로 기획되고, 제작되는 과정을 소개하여 영상기록물 수집과 내용을 이해하는데 도움이 되고자 했다. 3장에서는 영상 기록의 생산처와 소장처를 언론사와 기록관으로 구분하여 정리하였다. 국내 언론사 기록물은 5·18 관련 영상 기록 중 KBS 영상아카이브의 디지털화 작업으로 KDAS(KBS Data Archive System)에서 새롭게 검색한 자료를, 다른 기관 기록은 해당 홈페이지에 실린 영상기록물을 소개하고, 내용의 오류를 짚었다. 해외 방송사 영상기록물로는 1980년 5월 당시 촬영한 5·18민주화운동 영상기록물의 출처와 내용을 제시했다. 4장에서는 새롭게 수집되었거나 정리된 영상 기록을 중심으로 KBS 다큐멘터리 〈영상아카이브-오월의 기록〉의 영상 내용을 날짜별로 나누어 문서 자료, 사진 자료와 교차 분석했다. 방송 시간 50분에 채 담기지 못했거나 미진하게 다뤄진 내용들을 더 자세하게 밝혀, 이후 5·18 관련 다큐멘터리나 다큐 영화들의 제작과 5·18 연구에 사용될 영상 기록들의 기초 자료를 제공하고자 했다.

Ⅱ. '영상아카이브'로 기획, 제작된 〈오월의 기록〉

영상 기록은 역사적 사건에 대한 개인과 집단의 기억을 재생산하는데 중요한 장치로 활용되고 있다.[14] 영상 기록은 과학 기술로 뒷받침된 증거 자료인 동시에 편집 기술을 통해 가장 효과적으로 역사나 현실을 왜곡하는 자료가 될 수도 있는데,[15] 일반인들의 영상 제작이 활발해진 요즘 정확한 내용 파악이 되지 않은 영상 기록이 진실 왜곡에 사용될 위험성은 점차 높아지고 있다. 현장을 경험하지 않은 사람들은 재구성된 영상 기록을 자신의 역사적 기억으로 간직하게 된다. 공영방송의 다큐멘터리와 다큐 영화의 영상 기록은 사람들에게 '역사적 진실'로 수용될 가능성이 크다. 영상 기록 진본의 정확한 출처와 내용에 기반한 다큐멘터리의 제작이 중요한 이유이다.[16]

〈영상아카이브-오월의 기록〉은 KBS의 '현대사 영상 발굴 프로젝트'의 하나로 제작된 다큐멘터리로서, KBS가 수집한 영상을 바탕으로 한국 현대사를 재조명하는 '역사 대중화' 프로젝트의 일환으로 제작되었다. 다큐 인사이트팀은 미국립문서기록보관청 등에서 해외 영상기록물을 대량 수집했는데, 그것을 바탕으로 다수의 현대사 관련 다큐멘터리가 제작되었다.[17] 〈영상아카이브-오월의 기록〉 제작팀은 5·18민주화운동을 재조명하는 아카이브 다큐멘터리 프로그램을 기획하였다.

5·18민주화운동 당시 동영상 촬영카메라를 사용할 수 있었던 사람들은 대부분 방송사나 정부기관의 촬영감독이었다. 이에 제작팀은 국내외 5·18 관련 기록관과 방송사를 대상으로 5·18 영상기록물의 소장 여부를 조사했고, 아카이빙을 위해 그동안 뒤섞여 사용된 5·18 영상 기록을 날짜별로 나누어 '영상일지'를 만들었다. 이런 과정을 거치면서 〈영상아카이브-오월의 기록〉이 '영상일지'의 형식으로 제작되었고, 영상들 중 1980년 5월 광주의 상황을 최대한 '있는 그대로' 보여 주는 영상 기록, 이번 프로그램 제작 시 새롭게 발굴한 영상, 광주시와 광주시 동구청 일지에서 교차 검증된 영상을 우선해서 편집했다.

영상의 날짜와 상황 확인은 5·18민주화운동의 경과를 자세히 다룬 책, 사진집, 당시 상황을 직접 보거나 보고받아서 작성한 광주시와 광주시 동구청 일지로 교차 확인했고[18] 3차에 걸친 영상 회의를 통해 확인했다. 1차 회의에는 5·18민주화운동기록관의 양라윤 연구사와 김태종 전 연구실장이 참여했다. 2차와 3차 회의는 5·18민주화운동 관련 전문가들과 함께 기록관 대회의실과 5·18기념재단 회의실에서 5·18 영상 기록을 직접 보면서 진행했다. 『죽음을 넘어 시대의 어둠을 넘어』의 공동 저자 이재의, 전용호, KBS 〈광주를 말한다〉를 제작한 남성우 PD, 5·18민주화운동 연구자 정호기 교수, 기록관의 정용화 관장, 홍인화 연구실장, 김태종 전 연구실장, 원지혜 연구원, 5·18기념재단 박진우 연구실장, 조선대 노영기 교수, 옛 도청 복원팀 이경률, 박현정 등 5·18민주화운동 관련 전문가들과 다큐멘터리 제작팀이 참여해 영상에 등장하는 인물과 장소, 날짜 등을 특정했다.[19]

〈영상아카이브–오월의 기록〉 프로그램의 최초 기획은 현장감을 살려 1980년 5월 18일부터 27일까지의 광주를 최대한 필름 그대로 보여 주는 것이었다. 그러나 제작 과정에서 최초의 기획은 변경될 수밖에 없었다. 5·18 민주화운동이 발화된 전남대 정문에서의 계엄군 진압과 관련된 영상을 찾을 수 없었기 때문이었다. 5·18민주화운동이 시작된 5월 18일의 상황을 보여 줄 수 없다면 어떻게 할 것인가를 고민하던 제작진은 5월 27일 도청 진압이 시작되는 새벽녘 어둠을 가르는 총소리와 작전이 끝났음을 알리는 조명탄으로 프로그램을 시작하기로 결정했다. 27일 상황은 명징했기 때문이다. 현장을 기록한 영상 기록과 현장음만으로 프로그램을 제작하려던 기획도 수정되었다. '광주의 진실'을 보여 주기에는 남아 있는 영상 기록이 가진 한계가 너무나 명확했다. 5·18 영상 기록은 광주의 상황을 필름 그대로 전달한다는 강점을 가지고 있지만, 영상 기록의 대다수는 5·18민주화운동에 대한 보도가 제한되거나 차단된 상황에서 정부 측의 일방적인 시각을 반영한 자료가 압도적으로 많았다. 중요하지만 촬영되지 않거나, 촬영하지 못한 상황도 많았다. 이러한 불균형을 보완하기 위해서는 내레이션을 삽입할 수밖에 없었다. 관례상 다큐멘터리는 영상의 흐름을 방해하지 않도록 출처를 마지막 스크롤 자막에서 '자료 협조'로 한꺼번에 밝히는데, 새로 발굴된 해외 방송사 뉴스 화면의 경우는 영상에 자막을 넣어 출처를 밝혔다.

5·18민주화운동이 일어난 지 40여 년이 지났음에도 불구하고 5·18 영상 기록의 체계적인 수집과 정리, 보관, 해제 작업은 일천한 수준이다. 해외에 소장된 영상 기록 중 사료적 가치가 높은 기록물들이 아직도 수집되지 못했고, 영상 기록들의 소재와 분포에 대한 해제 작업도 미진했다. 그러한 가운데 5·18 영상 기록들은 국내에서조차 정확한 검독을 거치지 못한 채 수많은 오류와 뒤섞임 속에 재생산되고 있었다. 〈영상아카이브-오월의 기록〉 제작팀은 최대한 영상기록물의 생산과 소장처 및 날짜와 내용을 확인함으로써 5·18민주화운동 영상기록물의 오류와 뒤섞임을 바로잡고자 했다. 해외 아카이브에서 새로운 영상 기록들이 발견되었지만 영상 수집 예산이 제한적이라 전량 구입이 어려웠고, 50분이라는 정해진 시간 안에 그 많은 영상 기록을 모두 보여 주기도 힘들었다. 이에 파악된 영상기록물의 일부 영상만 방송권을 지불하고 수집했고, 날짜별로 주요 영상 기록과 새롭게 발굴된 영상 기록을 중심으로 프로그램을 제작했다.

Ⅲ. 파편화되어 있는 5·18 영상기록물 소장 현황

현재 5·18민주화운동 관련 다큐멘터리는 국내외 방송사에서 촬영한 영상 기록을 편집해서 제작한 편집다큐멘터리(compliment documentary)라고 할 수 있다.[20] 이 장에서는 편집다큐멘터리의 저본이 되는 영상 기록, 즉 각 방송사에서 생산하고 국내외 아카이브에서 소장하고 있는 5·18민주화운동 영상기록물들의 분포와 소장 상황을 소개하고, 생산처별 제작 배경과 내용 및 특징에 대해서 설명하면서, 국내 기관들이 소장하고 있는 영상기록물의 오류를 분석하였다.

1. 언론사

1) 국내 방송사

1980년 5월 동영상 카메라를 사용하여 광주 현장을 촬영한 국내 언론사는 KBS와 TBC, MBC이다.[21] 현재 KBS에는 19일, 21일, 22일, 25일, 27일 촬영한 영상 기록이 남아 있다. KBS 기자들은 주로 군의 협조로 촬영을 했지만, 정부기관의 협조없이 광주에 진입할 때는 농부로 변신해서 망태에 카메라와 필름을 넣고 오토바이를 타고 광주로 들어갔다. KBS의 TV 화면이 흑백에서 칼라로 전환하는 시점이었기 때문에 광주에서 취재에 사용된 카메라는 흑백 필름과 VNF 비디오뉴스 컬러 필름을 사용했다.[22] 80년 5월 당시 KBS의 방송분은 1980년 5월 27일 저녁 특집뉴스로 방송된 〈광주사태

일지〉만 남아 있다. 〈광주사태 일지〉는 “군은 생활고와 온갖 위협에 시달리는 시민들을 구출하기 위해 군 병력을 광주에 투입”했고, 시민군이 여러 차례 교도소와 경찰서, 지서를 습격했으며, “간첩 용의자 연행”했다는 자막과 시민들의 투석에 부상당한 군인의 영상을 내보냄으로써 광주민주화운동의 진실을 왜곡했다. 30분가량으로 편집된 〈광주사태 일지〉는 정부의 시각만을 그대로 대변하고 있다.

KBS에 소장되어 있는 주요 영상은 1980년 5월 15일을 전후한 서울의 시위와 5월 16일 이화여대에서 열린 전국대학생회장단회의 장면, 18일 이전 광주 상황, 19일부터 광주 현장을 촬영한 영상, 5월 22일 장성과 광주 경계에서 외신 기자들이 군인들에 의해 광주로 들어가지 못하고 모여 있는 흑백 영상, 5월 25일 최규하 대통령과 함께 이동하면서 촬영한 영상, 5월 27일 도청 진압 후 잡혀 있는 시민들을 자세히 촬영한 컬러 영상이 남아 있다.

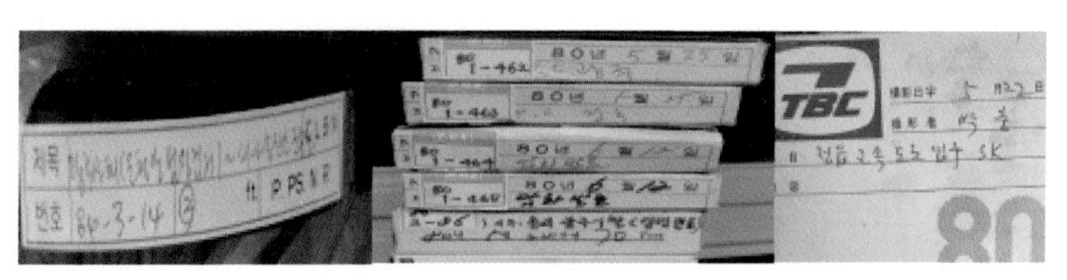

〈그림 1〉 KBS 필름 〈그림 2〉 TBC 필름

TBC(동양방송)는 중앙일보와 TBC 기자들이 한 팀으로 20일부터 취재를 했다. 카메라기자는 박 충, 김창훈으로, 박 충기자는 외신들과 함께 시민군 공보팀의 안내를 받아 촬영했다.[23] TBC는 1980년말 정부의 언론 통폐합 정책으로 인해 KBS에 통합되면서 소장 자료를 KBS에 이관했는데, 일부는 TBC에 보관되고 일부는 다른 곳으로 빠져나간 것으로 보인다.[24]1989년 〈광주를 말한다〉를 제작했던 남성우 PD는 제작 과정에서 대출이 금지되어 있던 U-matic 테이프를 선배 PD에게 받았고, 그 테이프에 TBC 영상들이 포함되어 있었으며, 그것을 활용하여 프로그램을 제작했다고 밝혔다.[25] MBC(문화방송)는 정동영·오효진 기자가 당시 현장에서 리포트를 했는데 2020년에서야 그 내용이 방송되었다.[26]

2) 미국 방송사

5·18민주화운동 당시 광주 현장을 촬영한 미국 방송사는 세 곳이다. CBS(Columbia Broadcasting System)는 한국 군부의 통제 밖에서 한국보다 훨씬 빠르고 정확하게 뉴스를 내보냈다. 당시 CBS 촬영기자는 영화 〈꽃잎〉, 〈아름다운 청년 전태일〉의 촬영감독이었던 고(故) 유영길 감독이었다.[27] CBS 영상은 〈광주는 말한다〉에도 삽입되었고,[28] 많은 부분이 KBS에 소장되어 있다. CBS의 영상 기록에는 그동안 국내 방송에서 보지 못한 사우디아라비아에서 귀국하는 최규하 대통령을 마중 나온 양복차림의 전두환,[29] 이화여대 강의실에서 회의하는 전국 총학생회 대표들, 광주 적십자병원 복도의 부상자들, 외곽에서 비옷을 입고 경계하는 계엄군들의 모습, 비옷을 입고 총기를 든 채 나란히 걸어가는 시민군의 뒷모습, 상무대의 스님들 추

모기도, 도청 시신안치소에서 합장 기도하는 아주머니의 뒷모습, '죽음의 행진' 후 군인과 대화하는 홍남순 변호사의 영상이 있다. 현장 브리핑 기자는 브루스 더닝(Bruce Dunning)과 피터 콜린스(Peter Collins) 2명이다.

NBC(National Broadcasting Company)는 짐 업쇼(Jim Upshaw), 레너드 프랫(Leonard Pratt) 기자가 현장에서 리포팅했다. 5월 21일 뉴스에는 버스를 타고 이동하는 시민들의 모습이 담겨 있고, 22일 뉴스에는 광주기독병원 복도에서 환자를 치료하는 의료진들과 산길에서 이동하는 계엄군과 하늘의 헬기와 초계 비행기, 외곽에서 시민들과 인터뷰하는 기자의 모습이 담겨 있다. 27일 뉴스에는 새벽하늘에 터진 조명탄과 건물 위 저격병의 모습, 도청 근처에서 체포된 시민들과 시신을 계엄군이 끌고 가는 장면, 도청 복도의 시신 몇 구와 2층 민원실에서 발견된 불탄 윤상원의 시신, 헬기에서 뿌려지는 선무 전단지, 거리의 장갑차들이 보인다.

ABC(American Broadcasting Company, Inc.)의 영상 기록은 60분짜리 2개 분량이 KBS에 소장되어 있다. ABC에서 열람한 뉴스 영상 중 그동안 국내에서 방영되지 않았던 영상은 5월 15일 서울역 시위, 한국일보사에서 외신 기자와 인터뷰하는 신문 기자, 광화문의 정복 경찰들과 시민들, 캄캄한 저녁 전경들에게 둘러싸인 채 노래 〈친구〉와 〈훌라송〉을 부르는 이화여대생들, 경찰 차량에 타서 차 밖에서 걱정하는 교수들과 얘기를 나누는 학생들의 목소리, 찬송가를 부르는 학생들의 영상 기록 등이 있다. 이 영상들은 컬러 필름으로 촬영되었고 오디오가 생생하다. 이 영상 기록을 통해 당시 수많은 대학생들이 시위 대열에 참가하여 어떤 요구 사항을 주장했는지를 그들의 생생한 목소리로 들을 수 있다.

〈그림 3〉 CBS 뉴스 〈그림 4〉 NBC 뉴스 〈그림 5〉 ABC 뉴스

3) 독일 제1공영방송(ARD)

독일 함부르크에 있는 독일 제1공영방송(ARD) 뉴스센터에서는 1980년 5월 22일 저녁 8시 타게스차우 뉴스 시간에 광주의 상황이 방송되었다. 당시 ARD 동아시아특파원 기자였던 힌츠페터가 광주에서 촬영해서 보내 온 영상이었다. 1980년 9월에는 힌츠페터 기자가 제작한 다큐멘터리 〈기로에 선 한국〉이 방송되었다.[30] 힌츠페터 기자가 촬영한 영상들은 2003년 5월 KBS에서 방송된 〈80년 5월, 푸른 눈의 목격자〉에 고스란히 담겨 있다. 그는 5월 19일 일본 도쿄에서 광주 소식을 듣고 20일 광주로 향했다. 21일부터 22일 오후까지 광주 상황을 촬영한 후 일본으로 가서 필름을 독일로 보냈고, 23일에 다시 광주로 돌아와 현장을 촬영했다.[31] 그가 촬영한 주요 영상 기록은 5월 21일 시민들이 트럭을 타고 광주 외곽으로 오가는 장면, 트럭에 탄 청년들과 광주공원의 시민들이 힌츠페터와 시민군이 탄 트럭을 보

고 환호하는 모습, 트럭에 실린 2구의 시신을 둘러싸고 있는 시민들, 21일 군의 집단 발포 후 광주공원에서 무장하는 시민군, 23일 도청 앞에서 개최된 1차 범시민궐기대회, 적십자병원 임시 시신안치소와 상무대 시신안치소의 모습, 도청 안 시민수습대책위의 통화 내용, 무기를 회수하는 시민군, 범시민궐기대회의 시민들과 함께 애국가를 부르는 YWCA 옥상의 시민군 모습 등이다.

4) 일본 방송사

1980년 5월 26일 NHK는 "계엄하의 한국"이라는 제목으로 'NHK 특집' 프로그램을 방송했다. 이 프로그램은 박정희 대통령이 시해된 10.26을 시작으로 12.12 군사쿠데타, 서울역 시위, 5·18민주화운동으로 이어지는 상황을 보여 주면서 한국의 정치 상황을 설명한다. NHK는 프로그램에 방영된 영상 외에도 광주 외곽에서 시민들을 태운 트럭들 부감과 시민군들의 영상 기록을 소장하고 있다. 재일본조선인총연합회(조총련)에서 제작한 〈원한의 땅, 광주는 고발한다〉에 담긴 서울 종로5가의 대학생 시위 장면과 〈우리의 소원은 자유〉 현장음, 도망가는 학생을 곤봉으로 때리는 전경들과 사복경찰의 모습은 NHK가 촬영한 영상들이다. 큐슈아사히TV는 기독병원 임시 시신안치소, 금남로 시민들의 모습 등을 소장하고 있으나 영상 열람이 어렵고, 영상을 판매하는 통로가 없어서 수집이 불가능했다.

2. 국내 기관

국내 방송사 외 기록관들에는 자체적으로 촬영하거나 촬영자에게 기증받은 영상 기록은 없고, 대부분 방송사의 프로그램들과 그 영상 기록을 활용하여 편집한 영상물을 소장하고 있다.

1) 5·18민주화운동기록관

5·18민주화운동기록관은 2015년에 광주광역시 소속 기관으로 설립되어 5·18민주화운동과 인권·평화에 관한 기록물을 수집, 관리하고 있다. 광주시는 1997년부터 '5·18광주민주화운동 자료 총서'를 편찬하면서 5·18민주화운동 관련 기록을 대대적으로 수집했고, 수집된 자료를 바탕으로 2011년 광주민주화운동기록물이 세계기록유산으로 등재되었다.[32] 등재 기록유산으로는 시민생산기록, 미국의 비밀해제문서, 사진(흑백필름)자료, 공공기록물, 청문회 회의록, 피해보상자료, 재판자료, 구술자료, 병원치료 자료가 포함되었다. 하지만 영상기록물은 포함되지 않았다.[33] 당시 소장하고 있던 영상기록물의 대부분이 촬영 원본이 아니라 방송사에서 제작된 프로그램들이었는데, 저작권이 방송사에 있고, 복사자료인 프로그램은 유일성(희귀본)이라는 기록문화유산의 조건을 갖추지 못했기 때문이다. 2018년 경매를 통해 새롭게 발굴, 수집한 72분짜리 흑백 영상은 오디오가 없는 무성(無聲) 미편집 필름 자료로 사료적 가치가 큰 영상기록물이다.[34]

2) 민주화운동기념사업회

민주화운동기념사업회 홈페이지 미디어자료실에 올려진 5·18 관련 영상은 총 4개이고,[35] 이 중 영상기록물은 2개이다. 하나는 "광주민주화운동 2번째"라는 제목으로 5월 27일 계엄군의 진압 이후를 보여 주는 영상 기록이다. 다른 하나는 다큐멘터리 〈역사 다시보기-5·18민중항쟁〉으로 10.26 사태에서 12.12 군사쿠데타, 80년 서울의 봄에서 5·18로 이어지는 상황을 담은 20분 15초 분량의 다큐멘터리이다.[36] 이 영상 기록은 일력을 한 장씩 넘기며 영상일지 형식으로 제작되었으나, 영상은 그 날짜의 영상 기록이 아니다. 5월 17일 전군 지휘관 회의의 모습은 8월 21일 전군 지휘관 회의의 영상이고,[37] 5월 18일 5·18 시작을 알리는 영상에는 19일 영상이 사용되었다. 5월 21일로 기록된 도청 분수대 앞의 집회 모습은 22일의 상황이고, 21일 발포 영상에는 27일 도청 진압 후의 영상들이 뒤섞여 있다. 날짜와 내용이 다른 영상의 임의 편집은 5·18민주화운동의 역사를 오독하게 만들 위험성을 가지고 있다. 공공기관의 홈페이지에 올려진 '영상일지' 형식의 영상기록물이므로 오류를 수정해서 다시 제작할 필요가 있다.

3) 5·18기념재단

홈페이지에 올려진 영상기록물은 5·18민주화운동 관련 행사 기록물, 다큐멘터리와 교육용 영상들, 5·18 증언록 영상 다큐 등이 있다. 증언록을 제외하면 기존의 영상 기록을 활용하는 방식을 취하고 있다. 교육 영상으로 활용되고 있는 다큐멘터리를 살펴보면 영상 기록이 있음에도 불구하고 이미지만 활용되고 있어서 보다 적극적인 영상 기록 활용이 필요해 보인다.

4) 기타

K-TV에는 〈대한뉴스〉 1284호 '안정만이 살길'에 5·18민주화운동 현장 영상이 수록되어 있다.[38] 영상은 서울역 학생 시위 부감, 서울역 광장 가득한 최루가스, 비상계엄 선포, 총리서리 담화 발표 신문 기사, 전국 총학생회장 체포, 전남 도청 앞 시민들의 투석 장면을 컬러 화면에 담고 있다. 〈대한뉴스〉는 광주 영상과 베트남 시위 장면을 이어 붙인 후 안정만이 우리의 살길이라고 설파한다. 국가에 의해 제작된 홍보용 영상물의 대표적인 사례이다.

한국영상자료원이 자체적으로 수집하여 소장하고 있는 영상기록물은 노래와 애니메이션으로 제작된 〈오월상생〉(2007), 일본 '통일사'가 제작한 〈光州よ 永遠に!〉(1981), 〈血의 闘争의 紀錄〉(1980), 판화 그림 영상 〈자유광주〉, 다큐멘터리 〈피바랜 광주〉(2004)가 있다. 이 영상 기록들은 외신에 실린 영상 기록을 활용해서 제작한 편집다큐멘터리들이다.

Ⅳ. 5·18민주화운동 영상일지

〈영상아카이브-오월의 기록〉은 5·18민주화운동이 본격적으로 벌어진

5월 18일부터 27일까지 10일간의 영상 기록이자, 일시·장소·인물·소리 등을 최대한 확인하여 날짜별로 보여 주고자 한 '영상일지'다. 오월의 기록을 따라 5·18민주화운동의 역사 속으로 들어가 보았다. 영상 기록 중 기존에 잘못 알려진 부분들은 문서기록과 교차 분석하여 바로잡고자 했다.

1. 5월 27일: #진압

5월 27일 공수부대의 강제진압 시작을 알리는 총소리가 고요한 새벽하늘을 가른다. 새벽녘 어둠을 가르고 쏟아지는 총소리와 흔들리는 카메라,[39] 곧 작전이 끝났음을 알리는 조명탄이 쏘아 올려진다.[40] 진압이 끝난 후 도청으로 헬기와 장갑차가 진입한다. 국내 기자들의 촬영은 날이 밝은 후 진압을 끝낸 도청에서 시작된다.

공수부대는 도청에 이어 시민군의 핵심 항쟁지였던 전일빌딩을 진압했다. 전일빌딩 8층에 자리한 전일방송사 복도에는 시민군이 체포되어 손발이 등 뒤로 묶인 채 엎드려 있다. 그 옆에서 무장 군인들이 방송국 직원들과 얘기를 나누는 모습이 보이고 현장음이 들린다.[41] 5·18기념재단 전시관에는 같은 상황에서 방송국 직원이 체포된 시민군의 꽉 묶인 줄을 느슨하게 풀어주는 모습을 찍은 사진이 전시되어 있다.[42] 공수부대원이 지하 1층 이발관에 모아 놓은 시민군의 총기를 보면서 "그래서 여기다 그냥 딥다 갈겨댔구나"라고 말한다.[43] 현재 전일빌딩 외벽의 총탄 자국은 헬기 사격으로 추정되며 진실을 밝히는 조사 작업이 진행 중이다.

영상은 도청 정문으로 향한다. 한 장교는 카메라 기자들에게 총상을 입은 시민의 손을 찍지 말라고 하면서 군인들에게는 카메라로 촬영되고 있으니 주의하라고 주지시킨다. 도청이 진압된 후 군은 '적'을 진압한 '승전의 기록'을 국내외 기자들에게 촬영하도록 허락했다. 도청 정문 앞에서 김동진 대령이 장형태 전남도지사에게 "우리 양민들 다친 사람은 없구요"라고 하고, 양민들의 희생 없이 '폭도'가 진압되었다고 외신 기자들과 인터뷰한다.[44] 작전 후 열을 맞춰 반동하며 부르는 계엄군들의 노래가 현장음으로 이어지는데 계엄군 중 노래를 부르지 않고 고개를 숙이고 있는 군인 한 명이 유독 눈에 띈다.[45]

체포된 시민들을 실은 버스 차창으로 빨간 옷을 입은 4~6세가량의 남자아이가 보인다. 아이를 안고 있는 이는 이동춘이다. 그는 아이의 존재를 말했지만 많은 사람들이 믿지 않았기 때문에 점점 본인조차 그 사실을 진실로 믿지 못하게 되었는데 이번에 영상을 보고서야 본인임을 확신할 수 있었다.[46] 퇴색되고 왜곡되는 개인의 기억과 달리 영상 기록은 뚜렷한 증거를 남기기 때문이다. 도청 마당에 진압 작전 중 체포된 시민들이 등에 혐의가 쓰인 채 고개를 땅에 박고 있다. 도청에 남아 있다가 체포된 여성이 자신의 이름을 말하는 입 모양을 통해 그녀가 박미숙임을 알 수 있다.[47]

2. 5월 18일 이전: #평온한 광주

1980년 5월에는 계엄 해제를 외치는 대학생들의 시위가 전국적으로 이어졌다. 서울에서는 대학생들의 시위가 학교별로 일어났고, 서울역 시위 장면에는 연세대·고려대·서울대·숭실대 등 각 학교에서 학생들이 출발하는 장면에서부터 서울역으로 합류하는 모습이 남아 있다.48 이번 프로그램에서는 광주가 중심이었기 때문에 서울 상황은 전국의 시위 상황을 보여 주는 정도로 매우 짧게 편집했고, 5월 18일 이전의 광주로 바로 이동했다.

5월 18일 이전의 광주민주화운동은 그동안 사진으로만 알려졌었다. 5월 18일 이전 광주에서 진행된 교수들의 거리 행진과 도청 앞 분수대에서 진행된 집회, 횃불 시위 등의 영상 기록은 이번에 처음으로 시청자들에게 소개되었다.49 영상에는 18일 이전 광주의 평화적인 분위기가 오롯이 담겨 있다. 전남대에서는 부처님 오신 날을 맞이하여 법정 스님의 강연회가 열렸고, 거리 시위도 평화롭고 질서정연하게 진행되고 있었다.50 이에 반해 신군부의 움직임은 오히려 급박했다. 5월 16일 밤 사우디아라비아에서 최규하 대통령이 급거 귀국하고, 5월 17일 계엄군 전체회의가 개최된 후, 5월 18일 0시를 기해 전국으로 계엄령이 확대되었다.51

3. 5월 19일: #최초의 영상 기록

5월 19일 오전, 공수부대의 잔혹한 시위 진압 소식에 분노한 학생들과 시민들이 금남로 일대에 모여들었다.52 공수부대는 거리에 모여든 시민들을 곤봉으로 위협하며 분산을 명령한다. "한 놈만 잡아들여!"라고 소리치며 곤봉을 들고 다가오는 무장군인들을 피해 시민들은 건물 안으로 도망친다.[53] 한 건물 앞에서 공수부대가 시민을 곤봉으로 내려친다. 이 상황을 롱테이크로 촬영한 테이프에는 공수부대가 시민과 얘기하는 장면만 남아 있었다. 오히려 같은 상황을 숏테이크로 촬영한 영상에 공수부대가 시민을 곤봉으로 내려치는 장면이 삽입되어 있었다.

〈그림 6〉 5월 19일 영상 기록

시민들은 공수부대의 폭력적인 진압에 드럼통으로 바리케이트를 만들고, 당시 공사 중이었던 공사장의 돌들을 던지며 맞선다.[54] 거리에는 돌들이 가득하고 시민군의 돌에 맞은 소위가 얼굴에 부상을 입고 피를 흘린다. 공수부대원들이 착검을 하고 시민들을 위협하고, 장갑차를 앞세운 군 트럭들이 줄지어 들어오고, 트럭에서 무장군인들이 뛰어내린다.[55] 이후 체포된 시민들은 바지가 벗겨진 채 군 트럭 옆에 무릎을 꿇고 있다. 피 흘리며 쓰러져 있던 한 시민이 군 지프차에 실린다.[56] 영상은 시민들의 맹렬한 투석전에 대한 공수부대의 소극적인 대응이라는 서사로 군을 정당화하고자 한다. 하지만 영상에는 시민들의 투석전에 착검한 총으로 대응하고 곤봉으로 시민들을 무차별적으로 내려치는 공수부대의 모습이 그대로 담겨 있다. 촬영자가 의도하지 않았던 진실이 영상 기록을 통해 모습을 드러내는 순간이다.

공수부대가 점심식사를 하는 동안 비워진 거리는 다시 시민들로 채워진다. 착검한 공수부대의 무자비한 공격에 분노한 시민들은 광주 상황을 정확히 보도할 것을 요구하며 방송사 차량을 불태우고, 거리에 놓인 커다란 화분으로 바리케이트를 치며 저항한다. 영상은 더욱 거칠어진 공수부대원들의 모습을 보여 준다. 오후 3시 19분경 차량 20여 대를 몰고 다시 돌아온 공수부대원들은 골목까지 시민들을 쫓는다.[57] 사진 자료[58]를 보면 십여 명의 계엄군이 시민들을 쫓다가 그중 1~2명이 시민에게 곤봉을 내려친다. 곤봉을 내려치는 행위는 포착되었지만 사진을 통해서는 폭력의 횟수와 강도를 알 길이 없다. 같은 장면을 찍은 영상을 통해 우리는 다수의 계엄군이 시민들에게 곤봉을 휘두를 뿐 아니라 쓰러진 상태에서도 반복적으로 강하게 내려치는 장면을 목격할 수 있다.[59] 영상은 사진으로는 온전히 드러나지 않는 전후 맥락과 폭력의 횟수, 강도 등을 고스란히 보여 줌으로써 우리에게 공수부대 진압의 폭력성을 전달한다.

금남로에서 계엄군의 강한 진압으로 흩어진 시민들은 그대로 돌아가지 않고 광주시 곳곳으로 흩어져 시위를 이어 나간다. 화물차가 불타는 영상은 KBS 촬영분인데 메타데이타가 없고, 자료마다 장소가 다르게 표시되어 있다. 전문가회의의 고증을 통해 이 장면이 광주고속버스터미널 앞에서 촬영된 것임을 확인했다.[60]

4. 5월 20일: #분노한 시민들

5월 20일에는 더 많은 사람이 거리로 나와서 금남로 거리에 시민들이 가득하다. 휴교 조치로 학교를 가지 않은 중·고등학생들도 보인다. 시민들은 군인들에게 항의하기도 하고, 애국가를 부르면서 연좌시위를 이어 간다. 계엄군은 장갑차를 앞세우고 최루탄과 곤봉으로 시민들을 제압하고 해산을 종용한다. 이때 외신 기자들의 카메라에 비로소 시민들의 목소리가 담긴다. 금남로에서 연좌시위를 하는 시민들이 함께 "으쌰 으쌰"를 외치고 애국가를 부른다.[61] 계엄군의 해산 명령에도 흩어지지 않고 있던 시민들은 저녁 6시 이후 택시와 버스들을 앞세운 차량 시위로 이어 간다.[62]

20일 저녁부터 21일까지 시위는 광주시 곳곳에서 계속되었다. 언론은 광주시민을 폭도로 규정하고, 광주가 폭도들에 의해 혼돈 상태에 빠져 있다고 보도했다. 왜곡 보도에 대한 항의와 기사의 시정을 요구하며 시민들은 광주 MBC와 세무서를 불태운다.[63] 광주역 근처에서 계엄군의 발포로 인해 사망자가 발생하자, 시민들은 그 시신을 리어카에 싣고 제일은행 앞에서 군인들과 대치한다. 광주역 상황은 동구청 일지에 적혀 있고 사진 기록도 있지만[64]영상 기록은 존재하지 않는다. 이번 프로그램에도 광주역 부근 발포와 관련한 상황은 빠져 있다. 중요한 상황이지만 영상 기록이 없어 '영상일지'에서 제외된 경우이다.

5. 5월 21일: #군의 집단 발포

부처님 오신 날 당일인 21일 오전 8시경, 도청 앞에서 3~4천 명의 시민들과 계엄군이 대치하고 있다. 도청 앞길을 가득 메운 시민들은 격앙되어 있고, 계엄군은 완전무장을 한 모습으로 시민들과 대치하고 있다.

시민들은 오전 일찍부터 버스와 트럭으로 시민들을 금남로로 실어 나른다.[65] 트럭으로 이동하는 청년들을 거리에 나와 있는 시민들이 박수를 치며 응원한다. 맨주먹을 흔들거나 나무 막대기를 휘두르는 모습으로 보아 시민군이 무장하기 이전임을 알 수 있다. 이 장면은 무장한 폭도들로 인해 발포할 수밖에 없었다면서 '자위권'을 내세운 계엄 당국의 발표가 거짓임을 확인해 준다. 시민들의 '과격시위'를 불가피하게 진압한 것이 아니었고, 공수부대의 '살육진압'에 저항하기 위해 광주시민들은 무기를 들 수 밖에 없었지만 '폭도'로 매도당한 것이다.[66]

도청 앞 계엄군과 시민들의 대치 간격이 매우 가깝게 좁혀져 있다.[67] 전옥주가 단상에 올라 광주시장은 숨지 말고 대화에 나서라고 촉구한다.[68] 계엄군의 진압에 항의하는 시민들에게 군 장교는 군을 출동시킨 것은 대대장이 아니라고 응수한다. 광주에 공수부대를 투입하고 발포를 명령한 윗선이 있음을 확인시켜 주는 발언이다. 그는 시민들이 요구하는 세 가지 조건을 해결할 수 있는 책임자를 데리고 와서 답변을 주겠다고 말했다.[69] 군 장교의 약속은 지켜지지 않았다. 그 시각 도청의 서류는 헬기로 반출되었고,

곧이어 집단 발포가 이어졌다. 안타깝게도 발포의 맥락을 담은 영상 기록은 없다. 학살 책임자를 밝힐 수 있는 발포 명령 영상은 현재 어디에서도 발견되지 않았다. 발포 직후 부상자를 골목으로 이동시키는 모습과 발포가 끝난 후의 텅 빈 도로, 총알 자국이 가득한 버스를 찍은 영상 기록만이 남아 있다.

집단 발포로 인해 총상을 입은 환자들은 광주기독병원, 적십자병원, 전남대병원으로 나뉘어 수용되었다.[70] 광주기독병원에서는 총상 환자의 응급 수술을 위해 복도에서 간호사가 X-RAY 사진을 의사에게 보여 준다. 응급실은 침대가 부족해서 바닥에 환자들이 누워 있다.[71] 계엄군의 발포에 분노한 시민들은 지역 예비군 무기고에서 습득한 무기로 무장을 하고 광주 경계의 도시에 광주 상황을 알리고 협조를 얻기 위해 광주 주변 지역으로 떠난다.[72] 그날 저녁 계엄사령관 이희성은 계엄군의 자위권 행사를 설파하는 담화를 발표한다.[73] 외신 기자들은 시민들의 긴박한 상황을 보도하고, 국내 방송사는 계엄군 진압의 정당성을 발표하는 담화문을 방송한 것이다.

6. 5월 22일 이후: #시민공동체

집단발포 후 계엄군이 외곽으로 빠지고 광주시민들은 시민공동체를 형성했다. 시민들은 날마다 범시민궐기대회에 참석하고 거리 행진을 하면서 그들의 요구 사항을 외쳤다. 시민들의 마음에는 불안함도 일고 있었다. 바람에 휘날리는 조기 영상에서 들리는 "이렇게 사람을 죽이면 어쩌자는 거야? 우리가 공산당이라는 거야?"라는 시민의 목소리는 지금까지도 논란을

일으키고 있는 '빨갱이 덧씌우기'에 대한 우려를 보여 준다.

광주적십자병원에는 갑자기 늘어난 부상자들에게 혈액이 부족하다는 가두방송을 듣고 모여든 시민들이 한 침상에 2명씩 누워 헌혈하고 있다.[74] 광주기독병원 임시 시신안치소에는 시신들이 흰 천이나 태극기로 덮여 있다. 창고로 보이는 공간에는 관에 모시지 못한 채 천으로 덮인 시신들의 모습도 보인다.[75]

도청 앞 분수대에서는 계엄군과 협상하러 간 시민수습대책위원들을 기다리면서 자신들의 의견을 이야기하는 시민들의 성토대회가 열렸다. 시민들은 〈애국가〉를 부르면서 묻고 있었다. 국가는 무엇인지, 애국이란 무엇인지, 누가 과연 애국을 하는 존재인지. 시민들은 백주대낮에 국민을 학살하는 전두환 정권과 계엄군이 아니라 탄압에도 굴하지 않고 민주화를 외치는 자신들이야말로 진정한 애국의 주체임을 피력하고 있었다. 오후 4시경부터는 병원 영안실의 시신들을 옮겨 와 시민추모대회가 열렸다.[76]

이날 박충훈 국무총리서리는 임명장을 받자마자 헬기를 타고 광주로 이동했고, KBS 기자가 이를 동행 촬영했다.[77] 박충훈 국무총리서리는 서울에 와서 TV 방송을 통해 광주 상황을 "단순 소요 사태가 아니라 계획적인 폭동"으로 규정한 13분 20초 분량의 담화문을 발표했다. 그는 담화문을 통해 내무부 장관, 동력자원부 장관, 보건사회부 장관과 함께 내려가서 상황을 수습하고자 했지만 광주가 치안 부재 상태여서 들어가지 못했다고 말하면서 광주의 혼란상을 부각시켰다. 하지만 영상으로 보이는 22일 광주는 시민들의 자발적 참여와 차분한 대응으로 정상적인 치안 상태를 유지하고 있다.

평화로운 광주 시민공동체의 모습은 거의 외신들에 의해 촬영되었다. 도청 옆 남도예술회관 벽에는 확인된 사망자 명단이 게시되었고, 맡은 임무에 따라 번호를 매긴 시민군 트럭이 도청과 시내를 오간다. 도청 앞에는 시신을 확인하기 위해 도청으로 들어가려는 시민들이 길게 줄을 서 있다. 도청 건물 옆 전남도경 민원실 1층 복도의 염을 한 시신 옆에서 오열하는 남자, 상무관에서 추모식을 하는 사람들, 적십자병원 마당의 유가족의 분노에 찬 오열 장면을 통해 우리는 가족을 잃은 광주시민들의 분노와 슬픔에 공감하게 된다.[78] 뜨거운 날씨로 인해 시신의 부패를 걱정하던 일부 유가족들은 슬픔 속에서 장례를 치렀다.[79] 꽃상여를 앞세우고 거리를 걸어가는 상복차림의 유족들이 보인다.[80]

도청 앞 분수대에서는 제1차 민주수호 범시민궐기대회가 열린다. 범시민궐기대회는 총 6차에 걸쳐 열렸는데 영상 기록은 1차와 2차만 남아 있다. 22일 자연스럽게 이루어진 시민추모대회와 달리 23일부터는 전남대학교 극회 '광대'가 전체 진행을 맡았다.[81] 1차 시민궐기대회에서 대학생 대표의 결의에 찬 시국선언문 낭독에 시민들은 아낌없는 박수를 보낸다. 시민들은 애국가로 대회를 마친다. 2차 시민궐기대회에서는 전두환 허수아비의 화형식이 진행된다. 영상 기록에 담긴 발언자들의 생생한 목소리와 시민들의 박수와 환호는 당시 광주 시민들의 분노와 투쟁 의지를 보여 주고 있다.

계엄군이 떠난 광주는 '평화로운 시민공동체'였다. 계엄군이 물러간 자리에는 시민들의 일상이 자리 잡았다. 양동시장에서는 과일을 비롯한 물건들을 사고팔았고,[82] 시민들은 거리에서 밥을 지어 시민군들에게 제공해 주었다. 위기 속에서 더욱 돈독해진 공동체 의식이 서로를 붙잡아 주고 격려하고 있었다. 시민들의 자발적인 참여로 범시민궐기대회가 이루어졌듯이 사건 사고 없는 평화로운 일상도 유지되었다. 상무관에는 분향하려는 시민들로 줄이 길게 이어졌다. 그동안 상무관에서 분향하는 시민들의 영상은 많았지만, 스님들의 추모제와 세 아들과 함께 상복 입은 아주머니 영상은 처음 발굴되어 소개되는 영상 기록이다.[83] 한편, 당시 광주 외곽은 광주를 외부와 차단하고자 한 계엄군에 의해 봉쇄되었다.[84] 광주 안으로 들어오거나 밖으로 나가는 모든 이들이 계엄군에 의해 차단되었고 검열이 이루어졌다. KBS 비아송신소도 계엄군들이 지키고 있었다.[85]

24일 범시민궐기대회를 마친 후 비가 갠 거리를 행진하는 시민들의 모습과 목소리가 생생하다.[86] 시민들은 "광주시민 합세하라 좋다 좋다", "계엄 해제, 계엄 해제" 등을 노래하고 구호를 외치며 행진한다. 선명한 컬러 영상으로 그들의 얼굴 표정, 구호를 외치는 목소리를 담고 있기 때문에 영상 기록을 통해 우리는 당시 광주의 분위기를 생생하게 느낄 수 있다.

7. 5월 25일 이후: #계엄군의 강제 진압

25일 최규하 대통령이 헬기로 광주를 방문한다. 광주 시민들은 최규하 대통령의 방문으로 광주 상황이 평화적으로 해결되기를 희망했다. 하지만 최규하 대통령은 시민들과 접촉하지 않은 채 상무대에서 군인들과 전남도지사만 만나고 서울로 올라가서 10분 18초 분량의 담화문을 발표한다.[87] 박충훈 국무총리서리와 최규하 대통령 모두 광주를 방문했다는 형식적인 명분만 남긴 채 광주 시민들을 폭도로 지목하고 폭력적인 강제 진압의 수순을 밟았다.

26일 계엄군의 장갑차들이 외곽에서 시내 방향으로 서서히 이동하면서 포위망을 좁혀 온다. 계엄군의 강제 진압 소식을 들은 시민수습대책위원들은 이를 막기 위해 '죽음의 행진'을 시작한다.[88] 미국 CBS가 '죽음의 행진'을 정면에서 촬영했기 때문에 김갑제·김천배 YMCA 이사, 김성용 프란치스코 신부, 이기홍 변호사, 이영생 YMCA 이사, 이종기 변호사, 이성학 장로, 위인백 광주엠네스티 간사, 장두석 신협 이사, 장사남 교사, 조비오 신부, 조중환·윤영규 교사, 홍남순 변호사 등 17명 수습위원의 얼굴을 하나하나 확인할 수 있다. 시민수습위원들과 계엄군 장교들이 얘기를 나눈 후 잠시 계엄군의 철조망이 치워진다. 행진을 함께하고 상황을 지켜보던 시민들은 장갑차가 사라지자 박수를 치며 환영한다. 시민들이 마지막까지 평화적인 해결을 원했다는 것을 확인할 수 있는 장면이다. 대학생수습대책위원회 방송반이 그동안의 시민 참여에 감사 인사 방송을 하면서 26일 밤이 저물어 간다.

27일 아침 라디오에서 경쾌한 음악과 함께 군이 폭도들을 소탕하기 위해 시내에 진주했다는 뉴스가 방송되고, 헬기에서는 전단이 뿌려진다.

“시민은 집 안에서 라디오를 청취해 주십시오. (…) 폭도들에게 알린다. 총을 버리고 자수하라, (…) 총을 버리고 자수하면 생명을 보장한다. 시내 모든 주요 시설은 군이 완전 장악했다. 투항하라, 손을 들고 나오면 생명을 보장한다. (…)”

계속되는 아나운서의 목소리와 함께 도청 마당에 어지럽게 흩어진 시민군들의 시신, 윤상원의 불탄 시신, 처연한 표정으로 도청을 지켜보는 할머니의 모습으로 5·18민주화운동을 담은 10일 동안의 영상일지는 끝을 맺는다.[89]

Ⅴ. 결론

〈영상아카이브-오월의 기록〉은 주로 외신에 의해 촬영된 영상과 KBS와 TBC 촬영기자들의 촬영 영상만으로 제작됐다. 일반적인 다큐멘터리에서 구성하는 전문가 인터뷰나 영상 속 당사자 인터뷰 없이 최대한 영상 기록과 현장음을 있는 그대로 살려 현장감을 극대화했다. 50분이라는 시간적 제약이 있어 소장하고 있는 영상 기록 중 새롭게 발굴했거나 새로운 진실을 보여 주는 영상을 중심으로 편집했다. 이 프로그램 역시 당시의 현장 기록을 편집해 제작된 다큐멘터리이지만 80년 5월 광주를 기록한 영상들을 최대한 정확한 시간과 장소를 확인해서 그날의 진실에 접근할 수 있는 ‘영상

교과서'를 만든다는 기획 의도를 살려 제작되었다.

〈영상아카이브-오월의 기록〉 다큐멘터리 제작 과정에서 수집된 5·18 민주화운동 영상기록물의 의미는 다음과 같다. 첫째, 그동안 사진 자료로만 알려졌던 5월 18일 이전 광주가 평온한 상황이었음을 보여 줌으로써 당시 진압의 명분이었던 "광주에서 폭도들의 준동으로 인해 진압을 할 수밖에 없었다"라는 계엄군의 발표가 거짓임을 명확히 했다. 학생들의 평화시위에 대한 계엄군의 잔혹한 폭력으로 5·18민주화운동이 시작되었고, 시민들에 대한 군사 작전으로 수많은 시민의 희생이 있었음을 영상 기록으로 확인할 수 있었다. 둘째, 지금까지 5·18민주화운동은 주로 '광주'라는 집단으로 기억되었지만, 영상 기록은 도청 앞 집회를 주도한 전남대 극회 '광대' 사람들, 죽음의 행진을 했던 시민수습위원들, 도청에 끝까지 남았던 박미숙과 이동춘 등 시민들과 카메라에 담긴 시민군 한 명 한 명의 표정과 행동을 강조하여 보여줌으로써 개인들의 역할까지 조명했다. 이를 계기로 '광주'라는 공간, '광주시민'이라는 집단으로 인식되고 연구되었던 5·18민주화운동에서 '민주 시민' 개인의 역할에 대한 연구와 재조명이 이루어질 수 있을 것으로 기대한다. 셋째, 5·18민주화운동 영상 기록을 활용한 영상기록물에 대한 진위 판단의 기준을 마련할 수 있을 것이다. 현재까지 제작된 5·18 현장을 담은 다큐멘터리들 다수가 영상 기록을 '이미지'로 사용함으로써 영상 기록은 역사 기록으로서의 역동성과 의미를 잃고 있고 박제화되었다. 그뿐만 아니라 영상 기록 편집 과정에서 많은 왜곡도 발생했다. 유튜브에서 '영상

이미지'를 활용하여 5·18민주화운동에 대한 왜곡된 사실들을 유포하는 사례가 대표적이다. 또한 앞에서 지적했듯이 민주화운동기념사업회 홈페이지에 올려진 영상과 방송사 프로그램에 삽입된 영상기록물들이 잘못 사용되고 있는데, 공공기관에 의해 배포되는 영상 기록은 대중에게 진실로 비춰지기 때문에 위험하다. 이번 프로그램이 영상기록물의 오류들을 바로잡을 수 있는 기준을 제공할 수 있을 것으로 기대한다.

2018년 경매 시장에 나타난 72분 영상의 등장은 지금도 어딘가에 5·18 역사 현장을 촬영한 영상 기록들이 존재할 것이라는 합리적인 추측을 가능하게 한다. 국내외 방송사에 소장돼 있는 5·18 현장을 촬영한 영상 기록들을 '영상 사료'로 수집하고 세계기록유산으로 관리해야 함에도 불구하고 아직까지 제대로 수집조차 하지 못하고 있다. 이번 프로그램 제작과정을 통해 해외 방송사가 소장하고 있는 영상기록물들을 확인한 것은 큰 수확이라고 하겠다. 방송사의 필름은 제대로 해제되지 않은 상태에서 임의로 편집·가공될 수 있기 때문에 원본을 최대한 빨리 수집하여 전문가의 해제 작업을 거친 후 일반에게 서비스되어야 한다. 영상 기록의 수집과 메타 데이타 작업은 5·18민주화운동의 진실을 밝히는 역사 기록을 찾는 작업인 만큼 국가기관에 의해 꾸준히 수집, 해제, 공개되어야 할 것이다.

참고자료

1. 단행본

광주광역시 5·18사료편찬위원회, 『5·18 광주 민주화운동자료총서』 20, (1999)

광주민주화운동기념사업회 엮음, 『죽음을 넘어 시대의 어둠을 넘어(개정판)』 (창작과 비평사, 2017)

김기덕, 『영상역사학』 (생각의 나무, 2005)

이하나, 『'대한민국' 재건의(1948~1968) 시대』 (푸른역사, 2013)

조영국 외, 『5·18 10일간의 야전병원』 (전남대학교병원, 2017)

한국기자협회 외 엮음, 『5·18 특파원리포트』 (풀빛, 1990)

황종건·김녕만, 『광주–그날』 (사진예술사, 1991)

5·18기념재단, 『5·18민중항쟁 연구의 현황』 (심미안, 2006)

5·18기념재단 편, 『(당신은 아는가?) 5·18. 그 위대한 연대 : 5·18 해외아카이브전』 (5·18기념재단, 2016)

5·18민주화운동기록관 편, 『5·18 인류의 유산. 오월의 기록』 (5·18민주화운동기록관, 2017)

2. 논문

강소희, 「5·18 이미지에 대한 응답의 두 방식–〈광주비디오 : 사라진 4시간〉과 〈김군〉을 중심으로」, 『한국문학이론과 비평』 90 (한국문학이론과 비평학회, 2021), 387–411쪽.

강승묵, 「영화의 영상재현을 통한 역사구성 방식에 관한 연구: 영화 〈꽃잎〉,〈박하사탕〉, 〈화려한 휴가〉를 중심으로」 (서강대학교 박사학위논문, 2008)

김양래, 「5·18의 진실을 알리려 한 천주교–1980년 그날 이후의 기록」, 『가톨릭평론』 21 (우리신학연구소, 2019), 131–150쪽

김영기·채종훈·주정민, 「5·18민주화운동에 대한 유튜브 왜곡영상 네트워크 분석」, 『민주주의와 인권』 21(1) (전남대학교 5·18연구소, 2021), 5–40쪽.

김영택, 「신군부의 정권찬탈을 위한 공수부대의 5·18 "과잉진압"연구」, 『역사학연구』 34 (호남사학회, 2008), 149–194쪽.

김준범, 「80년 5월 언론투쟁기록–통곡과 절규. 비탄과 눈물로 뒤범벅된 죽음의 계

속」(자유언론실천재단, 2021) http://www.kopf.kr/news/articleView.html?idxno=142717
김혜란, 「5·18광주민주화운동 기록 연구-민주화운동기념사업회 사료관 소장 기록을 중심으로」(한남대 석사학위논문, 2016)
노영기, 「5·18항쟁 기록물의 생성과 유통」, 『역사와 현실』 104 (한국역사연구회, 2017), 125-158쪽.
박정옥, 「5·18민주화운동 기록물 분류표 개발에 관한 연구」(전남대 석사학위논문, 2013)
박희태, 「영상자료를 이용한 근현대사 연구방법론 탐구-프랑스의 영상역사연구 동향을 중심으로」, 『프랑스문화예술연구』 72 (프랑스문화예술학회, 2020), 35-94쪽.
박희태, 「편집다큐멘터리의 쟁점들-프랑스 영상역사연구 3세대의 논점을 중심으로」, 『프랑스문화예술연구』 74 (프랑스문화예술학회, 2020), 29-63쪽.
배주연, 「포스트메모리와 5·18-다큐멘터리영화 〈김군〉을 중심으로」, 『서강인문논총』 57 (서강대 인문과학연구소, 2020), 5-35쪽.
안병우, 「역사연구와 기록:현대 역사학과 기록학의 지향과 과제」, 『역사학보』 234 (역사학회, 2017), 377-415쪽.
이정연, 「인권기록유산 가치와 지평의 확산-5·18민주화운동기록물을 중심으로」, 『기록학연구』 45 (한국기록학회, 2015), 121-153쪽.
정근식, 「항쟁의 기억과 영상적 재현-5·18다큐멘터리의 전개과정」, 『민주주의와 인권』 3(2) (전남대 5·18연구소, 2003), 105-146쪽.
정근식·민형배, 「영상기록으로 본 왜곡과 진실」,『역사비평』 51 (역사비평사, 2000), 267-291쪽.
정호기, 「천주교회의 5월운동과 사회참여-1980년 전남지역의 활동을 중심으로」, 『신학전망』 182 (광주가톨릭대 신학연구소, 2013), 7-42쪽.
정호기·양라윤·양야기, 「영상 기록에 담긴 1980년 5월: 2017년 5·18민주화운동기록관 발굴 영상물을 중심으로」, 『민주주의와 인권』 19(2) (전남대학교 5·18연구소, 2019), 5-35쪽.
조상환, 「'5·18광주민주화운동' 소재 영화 속에서의 시선에 관한 연구: 영화〈택시운전사〉를 중심으로」(중앙대 석사학위논문, 2018)

허 은, 「기록영상물의 공공재화와 영상역사 쓰기-'제국-국민국가' 서사를 넘어서」, 『역사비평』 109 (역사비평사, 2014), 324-355쪽.

3. 영상자료

김만진, 〈5·18 40주년 특집 다큐멘터리-나는 기억한다〉 (MBC TV, 2020.05.14)
김형석, 〈영상아카이브-오월의 기록〉 (KBS 1TV, 2021.05.20)
민주화운동기념사업회, 〈역사 다시보기-5·18 광주민중항쟁〉 https://tv.naver.com/v/11979952, (2021.05.20 검색)
이조훈, 〈5·18민주화운동 40주년 특집 -광주비디오〉 (KBS 1TV, 2020.05.15)
장영주, 〈80년 5월, 푸른 눈의 목격자〉 (KBS 1TV, 2003.05.18)
e영상역사관 대한뉴스관, htp://www.ehistory.go.kr/ (2021.05.21 검색)
5·18기념재단 5·18사진아카이브, http://photo.5·18.org/ (2021.06.10 검색)
5·18민주화운동기록관, https://www.5·18archives.go.kr/ (2021.06.10 검색)

미주

**이 글은『歷史學硏究』제85집(2022.02) 에 실린 글입니다.

1 정호기 외,「영상 기록에 담긴 1980년 5월: 2017년 5·18민주화운동기록관 발굴 영상물을 중심으로」,『민주주의와 인권』19(2) (전남대학교 5·18연구소, 2019), 11-13쪽; 5·18민주화운동 관련 영상물을 네 가지 유형으로 나누어 보면 첫째 현장을 촬영한 원본 필름, 둘째 원본 필름을 편집 및 재구성한 다큐멘터리, 셋째 1980년 5월 이후 다양한 활동을 기록한 촬영물, 넷째 5·18 관련 문화예술 활동을 목적으로 생산된 영상물이다. 이 글에서는 현장 촬영 원본필름, 원본필름을 재구성한 다큐멘터리를 '영상기록물'로 지칭한다.

2 박정옥,「5·18민주화운동 기록물 분류표 개발에 관한 연구」(전남대 석사학위논문, 2013); 이정연,「인권기록유산 가치와 지평의 확산-5·18민주화운동기록물을 중심으로」,『기록학연구』45 (한국기록학회, 2015); 김혜란,「5·18광주민주화운동 기록 연구-민주화운동기념사업회 사료관 소장 기록을 중심으로」(한남대 석사학위논문, 2016); 노영기,「5·18항쟁 기록물의 생성과 유통」,『역사와 현실』104 (한국역사연구회, 2017)

3 강승묵,「영화의 영상재현을 통한 역사구성 방식에 관한 연구: 영화 〈꽃잎〉,〈박하사탕〉, 〈화려한 휴가〉를 중심으로」(서강대 박사학위논문, 2008); 조상환,「'5·18광주민주화운동' 소재 영화 속에서의 시선에 관한 연구: 영화〈택시운전사〉를 중심으로」(중앙대 석사학위논문, 2018); 배주연,「포스트메모리와 5·18-다큐멘터리영화 〈김군〉을 중심으로」,『서강인문논총』57 (서강대 인문과학연구소, 2020); 강소희,「5·18 이미지에 대한 응답의 두 방식-〈광주비디오 : 사라진 4시간〉과 〈김군〉을 중심으로」,『한국문학이론과 비평』90 (한국문학이론과 비평학회, 2021)

4 5·18기념재단,『5·18민중항쟁 연구의 현황』(심미안, 2006)

5 김기덕,『영상역사학』(생각의 나무, 2005), 37쪽.

6 이하나,『'대한민국' 재건의(1948~1968) 시대』(푸른역사, 2013), 50쪽.

7 박희태,「영상자료를 이용한 근현대사 연구방법론 탐구-프랑스의 영상역사연구 동향을 중심으로」,『프랑스문화예술연구』72 (프랑스문화예술학회, 2020), 36쪽.

8 허 은,「기록영상물의 공공재화와 영상역사 쓰기-'제국-국민국가' 서사를 넘어서」,『역사비평』109 (역사비평사, 2014), 326-327쪽.

9 정근식·민형배,「영상기록으로 본 왜곡과 진실」,『역사비평』51 (역사비평사, 2000), 267-291쪽.

10 정근식,「항쟁의 기억과 영상적 재현-5·18다큐멘터리의 전개과정」,『민주주의와 인권』3(2) (전남대 5·18연구소, 2003), 105-146쪽.

11 정호기,「천주교회의 5월운동과 사회참여-1980년 전남지역의 활동을 중심으로」,『신학전망』182 (광주가톨릭대 신학연구소, 2013) 31-34쪽; 김양래,「5·18의 진실을 알리려 한 천주교-1980년 그날 이후의 기록」,『가톨릭평론』21 (우리신학연구소, 2019), 145-147쪽.

12 정호기 외,「영상기록에 담긴 1980년 5월: 2017년 5·18민주화운동기록관 발굴 영상물을 중심으로」,『민주주의와 인권』19(2) (전남대학교 5·18연구소, 2019)

13 김영기·채종훈·주정민,「5·18민주화운동에 대한 유튜브 왜곡 영상 네트워크 분석」,『민주

주의와 인권』 21(1) (전남대학교 5·18연구소, 2020) ; 이 연구는 유투브에서 5·18민주화운동을 왜곡하고 있는 콘텐츠를 '가짜뉴스'라고 규정하고 이의 내용적 특성과 유형, 확산 네트워크 및 구조를 분석하고 있다.

14 정근식, 「항쟁의 기억과 영상적 재현-5·18다큐멘터리의 전개과정」, 『민주주의와 인권』 3(2) (전남대 5·18연구소, 2003), 106쪽.

15 박희태, 「영상자료를 이용한 근현대사 연구방법론 탐구-프랑스의 영상역사연구 동향을 중심으로」, 『프랑스문화예술연구』 72 (프랑스문화예술학회, 2020), 38쪽.

16 정근식·민형배, 「영상기록으로 본 왜곡과 진실」, 『역사비평』 51 (역사비평사, 2000), 268-269쪽.

17 기존의 KBS 아카이브 영상들과 2020년에 새로 수집된 영상기록물로 2020년 6월 〈한국전쟁 70년-미중전쟁〉 3부작, 9월 시청자주간특집으로 1900년~1945년 조선의 생활모습을 담은 〈김씨네 이야기〉를 제작,방송했다. 2021년 5월 〈영상아카이브-오월의 기록〉, 10월에는 2차 세계대전 당시 미군의 카메라에 담긴 조선인 노무자들을 담은 〈태평양전쟁의 한국인들〉이 방송됐다.

18 황종건·김녕만, 『광주-그날』, (사진예술사, 1991); 광주광역시 5·18사료편찬위원회, 『5·18 광주민주화운동자료총서』 20 (1999); 광주민주화운동기념사업회 엮음, 『죽음을 넘어 시대의 어둠을 넘어(개정판)』 (창작과비평사, 2017); 5·18기념재단 5·18사진아카이브 http://photo.5·18.org/ (2021.06.10. 검색)

19 전문가들의 판독에도 불구하고 영상의 모든 것을 확인하지는 못했다. 이에 프로그램이 시작되는 처음에 자막으로 프로그램의 구성과 한계에 대해 다음과 명시했다.
"이 프로그램은 5·18민주화운동 관련 국내외 미공개 영상을 수집, 당시 현장에 참여하신 분들과 연구자들의 자문을 거쳐 영상의 일시, 장소, 인물, 소리 등을 확인, '5·18민주화운동 영상일지' 형식으로 구성하였습니다. 영상에 기록되지 않은 많은 부분을 보여 줄 수 없다는 한계와 당시 기록자의 상황이 반영되는 영상이 있음을 밝힙니다."

20 박희태, 「편집다큐멘터리의 쟁점들-프랑스 영상역사연구 3세대의 논점을 중심으로」, 『프랑스문화예술연구』 74 (프랑스문화예술학회, 2020), 29-63쪽.

21 2011년 12월 2일 자 JTBC 9시뉴스에서 31년 만에 공개하는 5·18광주민주화운동 영상이라고 소개하면서 앵커가 "TBC가 국내 언론사 중 유일하게 광주 현장을 카메라에 담았다"라고 보도한 내용은 사실과는 다르다. 당시 다른 방송사의 카메라 기자들도 현장을 촬영했다.

22 1980년 5월 광주에서 취재한 KBS 김OO 촬영기자와 제작피디와의 전화 인터뷰 (2021. 3.24)

23 김준범, 「80년 5월 언론투쟁기록-통곡과 절규, 비탄과 눈물로 뒤범벅된 죽음의 계속」 (자유언론실천재단, 2021), http://www.kopf.kr/news/articleView.html?idxno=142717

24 KBS영상자료실 직원으로서 TBC에서 영상 자료를 직접 가져온 신영규의 증언 (2021. 4.21)

25 KBS다큐멘터리 〈광주는 말한다〉를 제작한 남성우PD와의 전화 인터뷰 (2021. 3.20)

26 김만진, 2020/05/14, 〈5·18 40주년 특집 다큐멘터리-나는 기억한다〉, MBC TV 방송.

27 「5·18 광주 최초 보도한 기자는 故 유영길 감독이었다」, 『신동아』, 2021. 9. 1.
28 남성우PD의 증언에 따르면 1988년 KBS다큐멘터리 〈광주는 말한다〉 방송 이후 미국 CBS가 자사 영상 기록 사용에 대해 항의했지만, 당시 방송사들은 영상 자료를 풀제로 활용하던 상황이라서 보도국에서 협상하여 해결되었다고 한다.
29 사우디아라비아에서 귀국하는 최규하 대통령을 환영하는 상황을 촬영한 영상은 KBS 촬영분도 있으나 화면 컷이 조금 다르다.
30 당시 ARD 동아시아특파원이었던 힌츠페터 기자가 촬영한 영상들이 독일 방송사에 저작권이 귀속돼 있어서 이번 프로그램에 편집된 영상들은 이곳에서 구입했다.
31 한국기자협회 외 엮음, 『5·18 특파원리포트』 (풀빛, 1990), 119-130쪽.
32 안병우, 「역사연구와 기록:현대 역사학과 기록학의 지향과 과제」, 『역사학보』 234 (역사학회, 2017), 397쪽.
33 5·18민주화운동기록관 편, 『5·18 인류의 유산. 오월의 기록』, (5·18민주화운동기록관, 2017); 이정연, 「인권기록유산 가치와 지평의 확산-5·18민주화운동기록물을 중심으로」, 『기록학연구』 45 (한국기록학회, 2015), 130-135쪽.
34 정호기 외, 「영상 기록에 담긴 1980년 5월: 2017년 5·18민주화운동기록관 발굴 영상물을 중심으로」, 『민주주의와 인권』 19(2) (전남대학교 5·18연구소, 2019), 8-9쪽.
35 https://www.kdemo.or.kr/book/video/page/1?category=17 민주화운동기념사업회 미디어자료실
36 〈역사 다시보기-5·18민중항쟁〉 https://tv.naver.com/v/11979952
37 1980년 8월21일자 KBS 뉴스 영상으로 확인된다.
38 e영상역사관 대한뉴스관에서 열람이 가능하며, 2020년 MBC 〈나는 기억한다〉에 많이 사용되었다. http://www.ehistory.go.kr/page/view/movie.jsp?srcgbn=KV&mediaid=10259&mediadtl=21506&gbn=DH
39 미국 CBS가 촬영한 영상이다. 이 영상은 KBS에 소장되어 있어 그동안 여러 프로그램에 사용되었지만, 2021년에 방송권료를 지불하고 정식 구입했다.
40 미국 NBC의 영상으로 2021년 〈영상아카이브-오월의 기록〉 제작 과정에서 구입했다.
41 전일빌딩을 진압한 계엄군의 모습은 방송에서 처음 공개되는 영상으로 미국 ABC가 촬영했다.
42 이 도록에는 독일, 미국, 일본을 중심으로 당시 현장에서 취재한 신문 기자들이 소장한 사진 자료, 해외 신문에 실린 광주 관련 기사들, 해외에서 광주를 지원한 교민들의 활동 상황, 기념재단의 전시 모습 등을 소개하고 있다. (5·18기념재단 2016. 참조).
43 2021년 4월 23일 전일방송 재직자 인터뷰에서 1980년 당시 전일방송 지하 1층에 전일다방과 이발관이 있었고, 이발관에 시민군들에게서 회수된 총기들이 있었음을 증언했다.
44 김동진 대령의 외신 기자와의 인터뷰 장면은 2003년 KBS 다큐멘터리 〈인물현대사-윤상원〉, 2020년 MBC 다큐멘터리 〈나는 기억한다〉와 KBS 다큐멘터리 〈비디오 사라진 4시간〉 등에서도 조금씩 편집되어 소개되었다.
45 그의 모습은 몇몇 다큐멘터리에서도 클로즈업되어 사용되었다. 5·18 관련 프로그램을 제

작하면서 이 군인을 찾으려고 몇 차례 시도했으나 찾지 못했다.

46 「5·18항쟁 때 군 버스에 실려 간 '4살 남아'는 누구? 어디로?」, 『한겨레』 2021. 5. 19. 아직도 확인되지 못한 이 아이의 신원을 확인하기 위해 옛 전남도청 복원팀에서는 가족을 찾는 광고를 하는 등 제보를 토대로 조사를 진행하고 있다.

47 도청 마당의 체포된 시민군들 모습은 KBS의 디지털 영상이 화질이 많이 떨어져서 KBS 수원센터에서 보관 상태가 더 나은 원본 필름을 찾아 TV 영상으로 변환하는 텔레시네 작업을 거쳤다.

48 일본 NHK에는 광화문 일대에서 사복 경찰들이 과격한 진압을 하는 모습이 소장되어 있다.

49 저작권이 KBS에 있는 자료들은 KBS 다큐 인사이트 홈페이지에서 '현대사 기록, 시청자에게로'에 17개의 관련 영상이 시민들에게 공개 열람되고 있다.

50 박관현의 육성 자료는 전남대학교 방송국과 들불열사기념사업회에 소장되어 있다. 이번에 쓰인 육성 자료는 들불열사기념사업회에서 제공받은 것이다. 당시 뉴스 촬영 원본은 무성이었다. 촬영은 했지만 육성은 방송사에 보관되어 있지 않아 "오월의 기록"에서는 들불열사기념사업회에서 협조받은 음성 자료를 편집했다.

51 5월17일 계엄군 전체회의는 영상 기록이 없다. 기존 다큐멘터리에서 사용된 영상 기록은 다른 시기 영상을 이미지로 사용한 것이다.

52 광주광역시 5·18사료편찬위원회, 『5·18 광주 민주화운동자료총서』 20 (1999), 12쪽.

53 광주시 동구청일지에 "CBS 기자 3명이 촬영기, 마이크 휴대하고 상공회의소 옥상으로 올라갔음"이라고 적혀 있는 것으로 보아 당시 CBS에서 현장을 촬영하고 있던 것으로 보인다.

54 국내 방송 기자들이 촬영한 장면들에는 카메라의 시선이 군과 같은 시선이라서 학생들의 투석이 크게 부각되었다. 당시 학생들은 중앙로 지하상가 공사장의 돌을 던졌다.

55 광주광역시 5·18사료편찬위원회, 『5·18 광주 민주화운동자료총서』 20 (1999), 공수부대원들이 트럭에서 뛰어내리는 영상이 18일이 아니라 19일 영상이라는 사실은 이 영상과 같은 날짜에 촬영한 내용이 동구청 일지에 상세히 기록되어 있고, 당시 중앙일보 이창성 기자가 19일 촬영한 사진에도 수록되어 있어 확인할 수 있었다(5·18기념재단, 5·18사진아카이브, http://photo.5·18.org/, 19일 사진 072-05번, 2021년 검색). 같은 사진이 5·18민주화운동기록관, 『5·18 인류의 유산, 오월의 기록』, 2017, 61쪽 사진설명에는 나경택 기자 촬영으로 기록돼 있다. 5·18 관련기관들의 자료에서도 촬영기자명이 다르게 쓰여있어 정확한 확인, 정리작업이 필요하다.

56 황종건·김녕만, 『광주-그날』, (사진예술사, 1991); 동아일보 기자들이 촬영한 사진에 19일 상황들이 많이 찍혀 있어 교차 확인이 가능하다.

57 광주광역시 5·18사료편찬위원회, 『5·18 광주 민주화운동자료총서』 20 (1999), 14쪽.

58 황종건·김녕만, 『광주-그날』, (사진예술사, 1991), 24쪽.

59 군의 잔혹한 진압 장면은 아주 멀리서 부감으로 촬영되었다. KBS 다큐멘터리 〈광주는 말한다〉를 제작한 남성우 PD에 따르면 계엄군 여럿이 넘어진 시민 한 명을 곤봉으로 내리치는 장면의 부감이 잘 보이지 않아서 두 번 반복해 편집했다고 한다. 이번 프로그램에서는

원본을 그대로 사용했다.

60 자료마다 공용버스터미널과 고속터미널로 다르게 표시되어 있다. 전문가회의를 통해 프로그램에 실린 영상의 공간을 광주고속버스터미널 앞으로 확정했다.

61 이 영상은 미국 ABC 촬영 영상으로 그동안 여러 TV 프로그램에서 19일, 21일 현장 상황 이미지로 많이 활용되었다. 오전에 비가 개인 후 우산을 든 사람들이 있는 이 영상은 20일 영상이다.

62 광주광역시 5·18사료편찬위원회, 『5·18 광주민주화운동자료총서』 20 (1999), 15-16쪽.

63 불타는 광주MBC는 NHK 카메라에 의해 촬영되었다.

64 5·18민주화운동기록관 편, 『5·18 인류의 유산. 오월의 기록』, (5·18민주화운동기록관, 2017), 76쪽.

65 독일 ARD 방송사 힌츠페터 기자가 촬영했다. 일부 청년들이 아시아자동차 공장에서 장갑차 1대와 트럭 10대를 가져갔다는 광주시 상황일지의 기록이 있지만, 영상 기록에는 군 트럭들만 보인다.

66 김영택, 「신군부의 정권찬탈을 위한 공수부대의 5·18 '과잉진압'연구」, 『역사학연구』 34 (호남사학회, 2008), 149쪽.

67 5·18민주화운동기록관이 2017년 수집한 영상은 전체 72분이다. 영상이 가장 많이 할애한 시간은 5월 27일 진압 이후이지만, 21일 도청 앞 상황 등 중요한 정황들을 담고 있다. 현재 서울에서는 한국영상자료원에서 열람이 가능하고, 광주 5·18민주화운동기록관은 홈페이지를 통해 27일 이전 상황의 일부만을 공개하고 있다.

68 광주민주화운동기념사업회 엮음, 『죽음을 넘어 시대의 어둠을 넘어(개정판)』 (창작과비평사, 2017), 191쪽.

69 21일 12시 정오 이전 도청 앞에서 시민들과 계엄군의 대치 상황은 89년 방송된 〈광주는 말한다〉에도 담겨 있다. 〈오월의 기록〉에서는 당시 영상 기록과 따로 보관되어 있던 전옥주와 계엄군 장교의 목소리가 담긴 현장음을 편집해서 방송했다.

70 조영국 외, 『5·18 10일간의 야전병원』 (전남대학교병원, 2017); 영상 기록은 광주기독병원 상황만 남아 있지만 당시 총상 환자들을 치료한 병원들의 상황은 비슷하다는 사실을 알 수 있다. 전남대병원에서는 21일 응급실로 들어온 총상 환자들을 22일까지 4개의 수술실에서 수술했다. 공수부대는 응급실에 최루탄을 던지기도 하고, 환자들과 의료진들뿐인 병원을 향해 총을 쏘기도 했다.

71 긴박한 응급실의 상황을 미국 NBC 기자가 촬영하여 뉴스로 방송한 영상을 2021년에 구입했다.

72 광주공원에서 무장하는 시민군의 모습은 독일 힌츠페터 기자가 촬영했고, 외곽에서 달리는 시민군들의 트럭은 일본 NHK 영상이다.

73 담화문을 발표하는 현장음이 담긴 영상은 KBS 뉴스 자료이다.

74 헌혈 영상은 TBC 촬영분으로, KBS 다큐멘터리 〈광주는 말한다〉 편집본에 남아 있다. 사진 기록에는 복도에서 헌혈하는 사람들도 담겨 있다.

75 이 영상은 일본 큐슈아사히TV가 촬영한 것이다.

76 광주민주화운동기념사업회 엮음, 『죽음을 넘어 시대의 어둠을 넘어(개정판)』 (창작과비평사, 2017), 285-287쪽.

77 이때의 광주시내 항공 촬영분이 '죽음의 행진'을 비롯한 광주 지역 지도 CG 작업에도 활용되었다.

78 23일 영상은 힌츠페터가 촬영한 영상들이다.

79 이 영상 외에도 거리의 장례 리어카는 다른 카메라의 영상에도 몇 개 더 존재한다.

80 미국 CBS 영상으로 2021년에 구입했다.

81 당시 시민궐기대회의 진행을 담당했던 전남대학교 극회 '광대' 소속 김태종의 증언이다. 23일은 짙은 황색 점퍼, 24일은 티셔츠를 입었기 때문에 날짜를 구분할 수 있다고 말했다.

82 양동시장을 촬영한 영상은 날짜를 특정하기 어려웠다. 힌츠페터는 자신의 글에서 처음 광주에 들어갔을 때 시장을 찍었다고 했지만 그가 광주에 들어갔던 5월 20일 상황이라고 보기는 어렵다는 것이 영상자문회의에서 내린 결론이다. 그래서 그가 2차로 광주에 들어온 23일로 편집되었다.

83 24일 영상은 미국 ABC와 CBS 촬영분으로 KBS에서 2021년 구입했다.

84 외곽 봉쇄상황은 2021년 미국 NBC에서 구입한 컬러 영상이다. 군인과 시민이 나누는 대화가 담겨있어 외곽의 경계 상황을 볼 수 있다. TBC 박충 기자가 촬영한 택시로 들어오다 검문당하는 장면은 일본 큐슈아사히TV 촬영분에도 있다. 사남터널 앞에서 경계 서는 계엄군의 장갑차와 트럭이 잡힌 칼라 영상, 계엄군들이 산길을 이동하는 장면, 헬기에서 물건을 내리는 장면 등 다양한 영상 기록이 있지만 외곽 봉쇄 상황을 촬영한 영상은 메타 데이터가 부족하여 정확한 날짜를 특정하기는 어렵다.

85 KBS 비아송신소의 계엄군 모습은 KBS 촬영분이다. 방송 테이프 형태로도 있었지만 2021년에 수원센터에서 필름을 찾아 텔레시네 작업을 함으로써 더욱 선명해졌다

86 미국 CBS에서 2021년 구입했다.

87 최규하 대통령이 녹화한 영상과 오디오를 통해 밤 9시부터 TV와 라디오를 통해 세 차례에 걸쳐 광주 지역에 특별담화가 발표되었다.(김준범,2021) 특별담화문이 담긴 영상의 마지막은 "TBC 임시뉴우스"라는 자막이 떠 있어 현재 남아 있는 영상은 TBC 자료라는 것을 확인할 수 있다.

88 이들의 긴 행진은 미국 ABC 카메라에 길게 촬영되었지만 주로 뒷모습과 옆모습이다. 죽음의 행진을 하는 수습대책위원들의 면면을 보여 주는 영상은 2021년에 미국 CBS에서 구입했다.

89 5월 27일 계엄군의 진압 이후 상황은 미국 ABC 촬영 영상과 KBS 촬영분이 대부분이다.

【참고자료 및 도판 출처】

〈자료명〉	〈출처〉
5월 20일 상황	ABC 로 추정
5월 21일 도청 상황 (흑백)	5·18 기록관 발굴 영상, 출처 불분명
시 외곽 시민들 도심으로 이동	NDR
5월 21일 도청 상황 (흑백)	TBC 촬영 원본, 현재 원본 소실
광주 기독병원	NBC
시민들 무장	NDR
계엄사령관 담화	KBS